I0154708

Couverture inférieure manquante

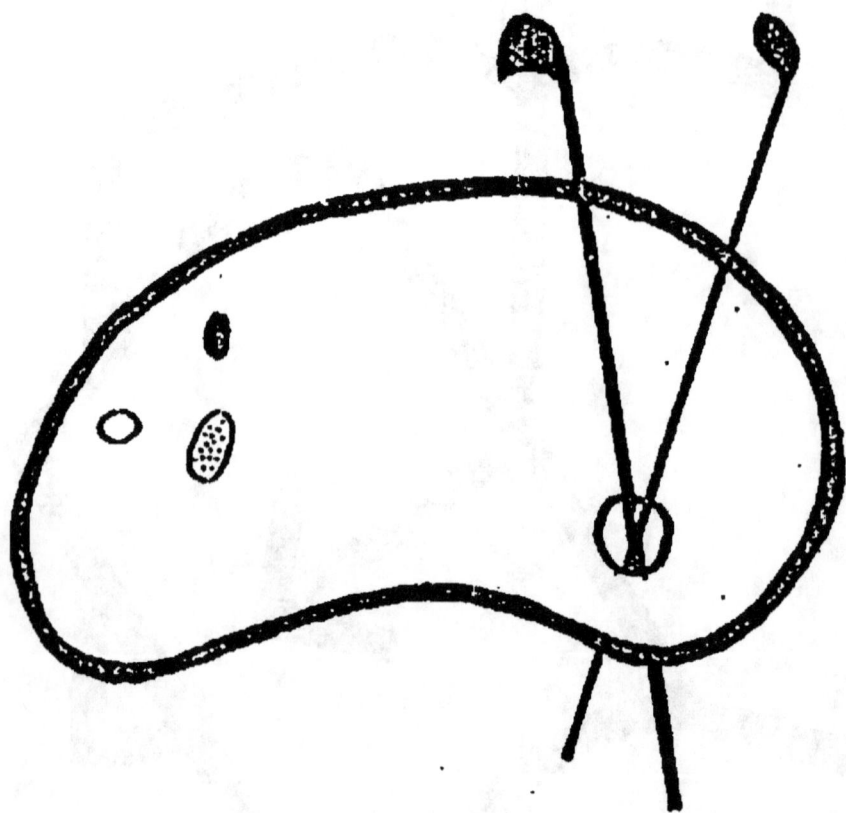

DEBUT D'UNE SERIE DE DOCUMENTS
EN COULEUR

verser la couverture

NOTICE

SUR

HAUTES-MOLUNES

ET

LES BOUCHOUX

PAR

G. BURDET

INSTITUTEUR

SAINT-CLAUDE
ANC. IMPRIMERIE VEUVE ÉNARD
—
1896

L⁷k
30483

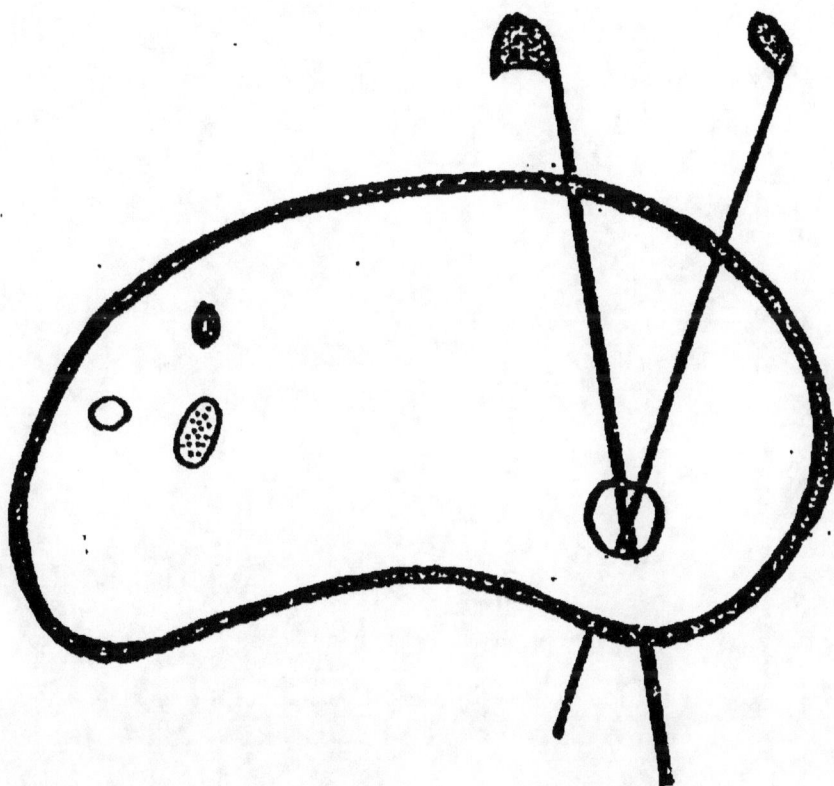

FIN D'UNE SERIE DE DOCUMENTS
EN COULEUR

NOTICE

sur

HAUTES-MOLUNES

et

LES BOUCHOUX

BIBLIOTHÈQUE NATIONALE R.F. IMPRIMÉS

SAINT-CLAUDE

ANC. IMPRIMERIE VEUVE ÉNARD

1896

I.K.7
30483

NOTICE

SUR

Hautes-Molunes, Les Bouchoux

———— ❦ ————

HAUTES-MOLUNES

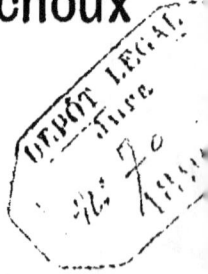

Situation. — Hautes-Molunes ou la Pesse, village de l'arrondissement de St-Claude, canton des Bouchoux, est situé sur un plateau élevé de la seconde chaine des monts Jura — la chaine du Risoux — à une altitude de 1.160 mètres.

Il est à 6 kilomètres des Bouchoux et à 16 kilomètres de St-Claude. C'est entre St-Claude et Hautes-Molunes, qu'existe, pour le département du Jura, la plus grande altitude sur la plus petite planitude ; la différence de niveau accuse 856 mètres sur une ligne horizontale de 6 kilomètres.

Limites. — Le territoire de Hautes-Molunes est limité : au nord, par Coiserette et les Moussières; à l'est, par Bellecombe, Forens (Ain) et Chézery (Ain); au Sud, par la Combe d'Evuaz, commune de Champfromier (Ain) et Belleydoux (Ain); à l'ouest, par les Bouchoux.

Étendue. — Ce territoire d'une étendue totale de 2.425 hectares 98 ares, a environ 6 kilomètres de longueur du nord au sud, et 5 kil. 500 de l'ouest à l'est.

Sections. — La section principale est le Village ou plus particulièrement la Pesse, qui comprend vingt-cinq maisons plus l'église.

Les autres sections sont : l'Embossieux, l'Emboteilleux, le Cret, Chaux-des-Ambres, les Cernois, Sur les Couloirs, le Cernétroux, la Semine, le Nerbier, Malatrait, Reculet, Froide-Combe, Sous les Bois.

Il convient de donner ici l'origine de la plupart des noms précités.

Le mot *molunes* de Hautes-Molunes (officiellement on écrit *Haute-Molune*) vient, selon M. Monnier Désiré (*Annuaire 1851*), de deux mots celtiques : *moul* (mouillé), *una* (lieu) et signifie ainsi : *lieu mouillé, marécageux*. Il y a, en effet, beaucoup de marécages, de tourbières, sur le territoire.

A environ 150 mètres sud du village, existe un lieudit : *Les Molunes;* à environ 400 mètres nord, en existe un autre: *Les Basses-Molunes*.

La Pesse tire son nom d'un gros épicéa (pesse) qui était à environ 150 mètres ouest du village actuel. Le nom de *A la Pesse* désigna primitivement l'emplacement de trois maisons établies dans le voisinage du dit épicéa. Deux de ces maisons existent encore, non sans avoir été modifiées; la troisième démolie, se trouvait dans la propriété appartenant actuellement à M. Vuaillat Calixte.

Sur l'emplacement du village actuel, il n'y avait que deux maisons à cheminée de bois : elles ont été reconstruites et appartiennent : l'une, à Duraffourg Auguste; l'autre, à Grenard Théodore. Près de la première se trouvait une fontaine, primitive cela va sans dire, à laquelle on avait accès par un étroit sentier.

Près de ces deux maisons, d'autres ont été élevées; la première (le bâtiment) date de 1811. Le curé Chavin, des Bouchoux, qui la fit construire, la destinait à un couvent de sœurs pour soulager les malades et instruire la jeunesse. Son projet ne réussit pas. Sa construction fut rachetée et transformée. L'église date de 1822; la *Grand'maison* de 1827; la maison commune de 1845.

L'Embossieux est la seule section où soient agglomérées quelques maisons; il y en a une douzaine dont un moulin-scierie; Embossieux et Emboteilleux signifient : *embouchoir*.

Il y a dans chacune de ces localités une excavation où s'engouffre l'eau du voisinage et va former le ruisseau de Douvraine.

Cret, Crête, signifient : éminence, monticule.

Cernois désignait, paraît-il, autrefois, une clairière ouverte dans la forêt, soit pour le pâturage, soit pour la culture.

Couloir est employé pour désigner un passage difficile, à pic dans les rochers.

Cernétrou désignait autrefois deux lieuxdits : *le Cernay* (cernois) et *le Trou* (lieu bas). De ces deux mots Cernay, Trou, on n'en a fait qu'un.

La Semine tire son nom du cours d'eau qui traverse cette section. Le nom du cours d'eau vient de *saltu manans* (sortant des forêts). Dans la charte dont il est donné un extrait plus loin, il est désigné sous le nom de *Salsimane*.

Le nom de *Nerbier*, donné à la section, a une étymologie généralement méconnue et qui a donné lieu à de fausses interprétations relativement à l'historique du territoire (voir *Historique*).

Malatrait viendrait de *mala strata* (mauvais chemin).

Le chemin qui traverse cette section unissait l'abbaye de St-Claude à l'abbaye de Chézery, par la côte de St-Sauveur et les Moussières.

Reculet désigne la partie reculée de la commune.

Dans *Froide-Combe*, *Combe-Froide*, il y a le mot *combe* qu'on retrouve souvent dans la montagne : Bellecombe, Noirecombe, etc., et qui signifie vallée plus ou moins large, dépression de terrain.

Cours d'eau

Le plus important est la *Semine* qui prend sa source à quelques cents mètres Est du village. Elle fait mouvoir un battoir seulement sur la commune et va, du nord au sud, se jeter dans la *Valserine*, près St-Germain-de-Joux (Ain), emportant avec elle les eaux du *Bief brun* qui forme, dans la partie inférieure de son cours, la limite entre Hautes-Molunes et Champfromier, combe d'Evuaz (1).

Les ruisseaux de l'*Embossieux* et de l'*Emboteilleux* ne sont guère que des torrents faisant mouvoir : le premier, une scierie-moulin ; le second, une scierie.

Aux Cernois, ainsi qu'en divers autres points du territoire, sortent de petites sources peu importantes, mais, la plupart, très utiles aux habitations avoisinantes.

La source des Cernois a un cours très limité (600 mètres environ) du S. au N. Elle se perd à Chaux-des-Ambres. On ne sait au juste si elle forme un lac souterrain ou si elle va sortir à la Balme, source qui sort des rochers des Couloirs, au levant des Bouchoux.

La Semine et le Bief-Brun ont joué un rôle historique lors de l'établissement des limites de l'ancienne abbaye de Condat (St-Claude), ainsi qu'il en est parlé plus loin.

------

(1) Au fond de la combe d'Evuaz, la Semine fait une chute de plusieurs mètres de haut appelée *Saut à l'âne*. Pendant la Révolution, des « aristos » émigraient en Suisse, une marquise fut empoisonnée au Chapuzieux ; une autre fut tuée avec son enfant à la combe d'Evuaz (Pré Caillat), son âne fut jeté dans la chute et fit le *Saut à l'âne*, telle est la légende.

Voies de communication

Le territoire de Hautes-Molunes est traversé par le chemin de grande communication n° 25, de Morez à Oyonnax (58 k. 253), par les chemins vicinaux du Crêt, de la Semine, de Chaux-des-Ambres, du Reculet, du Nerbier. A ce dernier aboutit l'ancien chemin de Malatrait.

Par suite des rochers, de certains pâturages rocailleux, arides, et autres lieux incultes ou inhabitables, les fermes sont généralement isolées, éparses sur toute la surface du territoire. Pour communiquer de l'une à l'autre, il y a d'étroits sentiers.

De ci, de là, on voit encore d'anciens chemins à voitures dont l'étude et l'exécution ont dû être rapides et peu onéreuses.

Population

D'après le recensement de 1891, la commune de Hautes-Molunes compte 796 habitants.

Lors du démembrement, en 1832, elle comptait 990 habitants ainsi qu'en 1836; en 1841, elle en comptait 966; en 1851, 897; en 1856, 900; en 1861, 907; en 1886, 840. Il y a décroissance. Et cependant, d'après les tables décennales de 1833 à 1883, les naissances ont, sauf une exception, toujours été supérieures aux décès.

De 1833 à 1843		De 1843 à 1853		De 1853 à 1863		De 1863 à 1873		De 1873 à 1883	
Naissanc.	Décès	Naissanc.	Décès	Naissanc.	Décès	Naissanc.	Décès	Naissanc.	Décès
236	181	219	175	192	196	224	197	273	204

Le manque d'industrie autrefois à Hautes-Molunes, la difficulté qu'avaient, par conséquent, les habitants pour y vivre des seuls produits d'un sol froid et aride ont été les causes principales de la dépopulation. Un certain nombre de familles ont quitté le pays, attirées qu'elles étaient par d'autres lieux industriels et aussi plus cléments quant au climat, plus productifs quant au sol. Dans le Grandvaux on retrouve des descendants de quelques-unes de ces familles.

En ce moment, les familles sont moins nombreuses; c'est le dépeuplement constaté en France.

Sur le nombre actuel de 796 habitants, il y a 196 propriétaires possédant les diverses parcelles du territoire. En 1832, le cadastre était divisé en 1.623 parcelles possédées par 231 propriétaires.

Biens communaux

Ce sont : une église, construite en 1822, érigée en succursale le 30 janvier 1839, dédiée à l'*Assomption de la sainte Vierge;* — deux cimetières : l'ancien contigu à l'église, au nord, le nouveau situé près de la maison commune, au nord également; — une maison commune, construite en 1843 au pied d'un rocher dominant le village ; elle a coûté 8.000 francs. Elle renferme la mairie, le logement de l'instituteur et de l'institutrice, et, au rez-de-chaussée, les deux salles de classes.

(En 1894, on a voté les fonds nécessaires à la construction de deux écoles; l'une, au village; l'autre, à l'Embossieux); — un presbytère, construit en 1825, qui a coûté 7.000 fr.; — une fontaine et un lavoir; — un puits non utilisé; — une partie de la forêt du Cernétroux (83 hectares 64 ares); — une partie de forêt sur le territoire des Bouchoux, lieudit : *Aux Ecolais* (32 hectares 43 ares); — 243 hectares 89 ares de terres, pâtures et prés secs.

Situation financière de la commune en 1894

Recettes ordinaires	Dépenses ordinaires	Produit des centimes	Valeur du centime	Centimes		Dette au 31 mars 1893
				ordinair.	extraord.	
5.102 fr.	7.588 fr.	698 fr.	72.46	10	»	»

Historique

La commune de Hautes-Molunes n'a été formée que le 8 février 1832, des sections A, B et G de la commune des Bouchoux, laquelle, avant cette scission, formait une des communes les plus vastes de la province (1).

Dans la séance du Conseil municipal, du 25 avril 1831, le Maire des Bouchoux, alors Rollandez Emmanuel (Hautes-Molunes), fit la proposition de partager la commune en deux parties; l'une, formée des sections A, B, C (fondues en deux par le cadastre qui les a marquées B, C) situées au levant de la montagne du Couloir, ces sections formeraient une commune que l'on pourrait appeler Hautes-Molunes qui est le point central des trois sections et où est placée la nouvelle église; — l'autre serait formée des quatre autres sections.

Le Maire allégua : 1° la difficulté de communiquer avec les Bouchoux à cause du Couloir, montagne escarpée qui les sépare de Hautes-Molunes et où le chemin, en hiver, est obstrué par les avalanches de neige; 2° la population de chaque section nouvelle serait assez importante : 984 habitants pour Hautes-Molunes et 1.136 pour les Bouchoux; 3° une ordonnance royale du 23 mars 1831 venait d'ériger en annexe vicariale les anciennes sections A, B, C du territoire de la cure des Bouchoux; il fallait compléter pour le temporel ce qui était fait pour le spirituel.

Sept conseillers approuvèrent cette proposition : Emmanuel Rolandez, Antoine-Sauveur Guichon, Jean-François-Marie Mermet-Guyennet, Jacques-Joseph Bonneville, Louis-François-Xavier Durafourg, Félix-Emmanuel Bonneville, Noël-Marie Mermet-Grandmottet.

Les opposants furent : Louis-Joseph Bonneville, François-Joseph Mermet et Pierre-Joseph Molard.

Les premiers, formant la majorité, autorisèrent le Maire à faire les démarches pour faire aboutir son projet.

Le 10 mai 1831, le Conseil municipal des Bouchoux, considérant que la commune comptait 2.120 habitants, dont 984 à la Pesse, émit le vœu que les électeurs de la commune fussent divisés en deux sections qui éliraient chacune un nombre égal de Conseillers municipaux. Ce vœu fut adopté et la commune divisée en deux sections de vote.

Le 18 septembre 1831, il fut tiré au sort pour savoir laquelle des deux sections voterait la première; ce fut la section occidentale (les Bouchoux), la section orientale (la

(1) La Révolution de 1830 amena une nouvelle élection des Maires et des Conseillers, deux concurrents des Bouchoux se disputaient l'écharpe municipale, les habitants de la Pesse votèrent comme un seul homme pour Emmanuel Rolandez, Président de la Commission qui avait fait construire l'Eglise et la Cure et le firent arriver à la Mairie des Bouchoux. Après la division de la commune, il fut Maire de Hautes-Molunes pendant plus de 50 ans et nommé chevalier de la Légion d'honneur comme un des plus anciens Maires de France.

Pesse) devait voter à deux jours d'intervalle. Les électeurs de cette seconde section furent convoqués le 10 janvier 1832, à 9 heures du matin, à l'effet de nommer huit conseillers municipaux.

L'élection eut lieu dans la maison d'Emmanuel Rolandez, Maire, lieudit *au Berbouillet*.

Enfin, le 8 février 1832, fut réalisé le vœu émis par le Maire dans la séance du 25 avril 1831. C'est du 8 février 1832 que date l'ordonnance royale dont la teneur suit :

« Louis-Philippe, roi des Français, à tous, présents et à venir, salut ;

« Sur le rapport de notre Ministre, secrétaire d'Etat au département du Commerce et des travaux publics; le Comité de l'intérieur de notre Conseil d'Etat entendu :

« ARTICLE PREMIER. — Les sections B et C de la commune des Bouchoux, arrondissement de St-Claude, département du Jura, sont distraites de ladite commune et érigées en commune séparée sous le nom de *Hautes-Molunes*.

« ART. 2. — La limite entre la nouvelle commune et celle des Bouchoux est fixée dans la direction indiquée au plan ci-annexé, par la ligne rouge F, G, H.

« ART. 3. — Les dispositions qui précèdent auront lieu sans préjudice des droits d'usage ou autres qui seraient réciproquement acquis. »

. . . .

. . . .

Le mercredi 8 août 1832, eurent lieu de nouvelles élections pour élire douze membres du Conseil municipal qui est le nombre actuel.

Le partage des biens et bois communaux indivis entre les communes des Bouchoux et de Hautes-Molunes fut fait d'après un arrêté de M. le Préfet du Jura, en date du 17 août 1838.

Jusqu'en 1832, l'historique de Hautes-Molunes se confond donc avec celui des Bouchoux qui s'appelait autrefois le Reculet, Bonneville, Esbochoux, Esbouchoux, de *boscus* (bois sacré). Pour certaines personnes, le mot Bouchoux aurait été Boichoux (Bois de Choux), car on répète encore ce vieux dicton : « *Choux a... fait les Bouchoux, il l'a fait trois fois plus gros que lui.* »

Ce vaste territoire faisait partie de l'ancienne abbaye de St-Claude (autrefois Condat) depuis très longtemps.

« Il existe dans les archives de la Préfecture, à Lons-le-Saunier, d'anciennes chartes (concessions) royales, consacrant les limites de ladite abbaye; la plus ancienne est celle de Charlemagne écrite en latin et dont voici une partie traduite :

« Et nous donnons audit lieu de Condat, la forêt du Jura, à partir de l'extrémité de l'eau du Brassus, nommée Orbe; de l'arête du Noirmont divisant la pente des eaux, de l'endroit même où l'eau se perd dans un creux jusqu'aux Alpes et jusqu'au chemin qui passe par le milieu de la Ferrière, et, selon le cours de la Serine (1) jusqu'au Bief-Brun (2), et depuis le Bief-Brun jusqu'à la Semine et depuis la Semine jusqu'au Bief nuisible, de manière à comprendre la troisième partie d'Escalon (Eschallon).....

« Donné le 11 des calendes d'octobre, l'année 22e du règne du très pieux Charles. » (*Abbaye de St-Claude,* Dom Benoit, T. 1er, p. 300).

Cette donation fut confirmée, ajoute M. Benoit, par deux chartes de Frédéric 1er, l'une de 1174, l'autre, de 1175.

Bief-Brun et Bief nuisible, sont désignés dans la charte sous les noms de *betus brunum* et *betus nocivum.* L'étymologie vraie serait d'abord *becus* et non *betus.* L'interprétation de *brunum* et *nocivum* a donné lieu à diverses dissertations quelquefois erronées, certains écrivains traduisant *betus nocivum* par bief noir, puis par nerbief et lui faisant occuper la place du Bief-Brun parce qu'il sort de la montagne du Nerbier.

Ainsi, on lit dans l'*Histoire de l'Abbaye de St-Claude,* par de Montgaillard, T. 1er. « Afin de tout concilier, je dirai que *brun* vient d'un mot grec qui signifie *tonnerre,* bruit extraordinaire et qu'il faut traduire le *betus brunum* et le *betus nocivum,* le premier par bief bruyant, terrible, et l'autre, par bief mauvais, dangereux, destructeur. Ce bief qui descend de la montagne du Nerbief est effectivement très dangereux; il sort avec une grande violence, entraîne les terres et jusqu'à de grands quartiers de rochers. Du reste, il y a dans le pays plusieurs biefs noirs appelés ainsi parce que leurs eaux sont malfaisantes et noircissent la mousse et l'herbe qu'elles mouillent. Au surplus, si Nerbief signifie Noir bief, ce ne peut être qu'à cause du *betus nocivum* qui en sort. »

M. de Montgaillard exagère passablement quant à la violence du Bief-Brun. Je ne connais pas de biefs noirs sur le territoire de Hautes-Molunes. D'après M. Benoit, le Nerbier situé entre le Bief-Brun et Mijoux, serait l'arête, la crête de la montagne; le Nerbief n'existe pas comme ruisseau.

---

(1) Aujourd'hui *Valserine,* c'est-à-dire *Vallisserona,* vallée de la *Serine* ou *Serone.*

(2) Le Bief-Brun était à l'est des Bouchoux et séparait ce village du pays de Vaud (Suisse). Rousset, p. 286.

Le *betus nocivum* cité dans la charte après la Semine (*Salsimane*) se trouverait sur le territoire de Belleydoux, troisième partie d'*Escalon* (Echallon) et qui n'a été érigée en commune que longtemps après l'établissement de la Charte.

Voici, à titre de complément la copie de : *Mémoires et Notes sur la délimitation entre la Franche-Comté et le Bugey (1784)*.

« La ligne qui divisait les Allobroges et les Séquanais et le diocèse de Lyon de celui de Genève forma dans la suite des temps la séparation de la Franche-Comté et du Bugey et des terres de St-Claude et de Nantua ; elle dut être tracée en grand par des points remarquables et ne point tortiller par de petites sinuosités ; une longue suite de siècles n'avait point altéré ce principe de toutes les grandes délimitations jusqu'en 1612 ; y aurait-on dérogé dès lors ?

Suivant le traité de 1612, réglé par des Commissaires des Parlements des Deux Bourgognes, autorisés par la France et l'Espagne, la séparation de la Franche-Comté et du Bugey ainsi que de la seigneurie du prieur des Bouchoux, dépendant de l'abbaye de St-Claude et de la seigneurie de Nantua, fut réglée par une ligne droite tirant du levant au couchant par l'*Encrena* et le *Bief-brun* à la *Caverne du four de la pelate* et du *Four de la pelate* au *Pré content* lequel se trouvait déjà dans ce territoire particulier de l'abbaye de St-Claude, près l'ancien territoire de Viry...

Les anciens diplômes de l'abbaye de St-Claude, notamment celui de Charles-le-Chauve, répété dans celui de Frédéric Barberousse, marquent les confins de la forêt du Jura, depuis la Serine au Bief-brun, du Bief-brun à la Semine, de la Semine au Bief noisif ou bief d'Orvale, près de Belleydoux et de là emportait le tiers du territoire d'Echallon. Cette portion du territoire d'Echallon fut plus particulièrement délimitée entre l'abbé de St-Claude et le prieur de Nantua en 1158, par quatre points seulement :

1º Par la *doïa de la Semanetta ;* c'est la source du Bief-brun qui se jetant dans la Semine est appelée la Seminette ; 2º par *furnum de Semaina,* la Caverne du four de la peleta, vis-à-vis le Bief-brun au-dessus de la Semina ; 3º par *Embololovium* de Désertin,—il y a deux embouteilloirs sur le bord du territoire de Viry ;—4º enfin, suivant la délimitation de 1158, on tirait à un rocher indiqué par *Roceam d'enversum*.

......Cependant pour apprécier le traité de 1612 et ce qui s'en est suivi, il paraît nécessaire d'expliquer les contestations qu'il y a eu depuis le Bief-brun ou Seminette jusqu'au bout de la plaine de Désertin.... Le premier point indiqué dans le traité de 1158 est soutenu par un accensement du prieur des Bouchoux fait en la Combe de la Semine près du Bief-brun jusqu'au sommet du Mont de la Roche, confirmé par sentence rendue contre l'évêque de Genève, le 26 octobre 1481 ; cependant, malgré un acte de propriété aussi ancien, nos voisins, profitant des ménagements que gardaient les Francs-Comtois pour maintenir la neutralité des deux Bourgognes, crurent pouvoir envelopper dans leurs limites les possessions du prieur des Bouchoux et remonter jusqu'à la source de la Semine, au lieu de s'arrêter au Bief-brun ou Seminette. Une enquête de 1602 leur prouva que le Bief-brun commençait au bas de la côte du Nerbier et passait par une *encrena* ou fente de rocher dirigée au levant. Les députés de France voulurent encore en 1611 dénaturer les noms et remonter à la source de la Semine, près de laquelle ils plaçaient le *Four de la pelate* dans un vieux chesal ; mais, dans la vue de lieux dont le plan existe encore aux archives du Parlement, les députés de Franche-Comté constatèrent si bien (fo 121 du *Registre de délimitation*) l'existence du Bief-brun et de la caverne dite le *Four de la pelate* (cote 20 sur le plan) à l'*Embouteilloux de Désertin* (cote 21), *Pré content* (cote 22) et *Roche enverse* (cote 24) que, dans le traité fait entre les deux puissances, on voit qu'ils tiraient leur ligne depuis la *Vy des Croix*, tirant droit par le sentier à la source du Bief-brun, jusqu'à une *encrena* ou fente de deux rochers après laquelle le bief continue jusqu'où il va se rendre dans le bief de la Semine, joignant la *Combe des Vua* qui demeure du côté du vent, puis, tirant dès l'endroit où se joignent les deux biefs à un rocher qu'ils ont dit s'appeler le *Four de la pelate*, et de là, droit à une roche appelée *Roche mossue*, autrement *Pré mollet* où il se voit quelques vestiges de croix de St-André et de Savoye, et de là par l'arête Sur la Roche du long de la maison Claude Gaillard du côté du vent, et de là au *Sappel du Souillet*, de là à l'*Embouteilloux*, autrement *Pré content* ou *Pré au Seigneur*, toutes les dites places répondant en droite ligne à l'*encrena*, adopte exactement la ligne des Francs-Comtois depuis le Bief-brun jusqu'au *Four de la pelate* comme on peut s'en convaincre en reportant leur réquisition reportée au bas de la page précédente avec la disposition du traité du 15 février 1612, où il fut dit très expressément que l'on tirerait depuis la *Vy des Croix* à l'arête du Nerbier, au Bief-brun, à l'Encrena et du dit bief où il se rend à la Semine et de là, tirant à une roche à l'opposite du côté du soleil couchant, appelée le *Four de la pelatte*, de sorte que tout ce qui est de la

montagne dite *Chalamont* (1) au-delà des limites du côté
d'orient et du midy, demeurerait de la souveraineté de
France, et tout ce qui est au septentrion jusqu'au Bief-brun
et *Roche de la pelatte* demeure territoire des Bouchoux,
souveraineté du comté de Bourgogne.

Si l'on ne statue rien au-delà, c'est parce qu'il n'y avait
alors de difficultés que vis-à-vis le territoire des Bouchoux
et que les députés des deux puissances n'avaient porté
leurs lignes au-delà que pour l'appuyer et qu'ils paraissaient d'accord sur le surplus. De la part de l'avocat du
Roy et du châtelain de Nantua, la ligne fut dirigée à la fontaine de la Semine et d'icelle au *Four de la pelatte*, au *Pré
content de Désertin*, appartenant aux seigneurs de St-Oyand-
de-Joux (St-Claude) et de Nantua, et dudit pré à la *Roche
de Heurson*, proche le territoire de Viry.

Mais il est une observation essentielle, c'est que les commissaires du comté de Bourgogne ont toujours entendu
tirer en droite ligne de borne en borne de la *Vy des Croix*
tirant droit de là à une roche, toutes lesdites places répondant en droite ligne à l'*Enerena*. Ainsi, quoique le traité
de 1612 ne porte pas : tirant *droit de borne en borne*, on ne
pouvait l'entendre autrement... »

Tel est l'écrit qu'on a bien voulu me communiquer et
qui nous montre, lui aussi, les difficultés qui ont existé
pour établir les limites du territoire des Bouchoux des
côtés du sud et sud-est. Ici, elles sont assez nettement indi-
quées. Du reste, la délimitation a dû être pratiquée souvent,
notre pays, Hautes-Molunes en particulier, ayant tour à
tour appartenu à la France, aux ducs de Bourgogne, à
l'Allemagne, à l'Espagne. Ce n'est que depuis 1678 que la
Franche-Comté a été définitivement française. En 1612,
elle était sous la domination espagnole, l'Espagne l'avait
eue de Charles-Quint, empereur d'Allemagne.

Près du territoire de Chézery, au lieudit *La Buna*, on voit
encore une ancienne limite des royaumes de France, de Savoie et d'Espagne. C'est une borne quadrangulaire en pierre,
haute d'environ 0m80 cent. et large de 0m30, dite *Borne au
Lion*. Elle porte les armoiries assez bien conservées de
France et d'Espagne ; elle aurait porté même celles de
Savoie.

Le duc de Savoie avait conservé l'abbaye de Chézery,
dont le territoire aboutissait à cette borne qui délimitait
ainsi trois Etats (2).

(1) Chalam.
(2) Par le traité de Lyon, 1601, Henri IV acquit du duc de Savoie : la
Bresse, le Bugey, le Valromey, le Pays de Gex. Avant ce traité, le département de l'Ain était Savoyard.

Au Nerbier, sur les confins de la propriété Regad et à proximité du chemin, se trouve une borne moins remarquable que la précédente. Elle fait partie de la délimitation du Jura et de l'Ain, occupant le sommet d'un angle dont l'un des côtés irait à la *Borne au Lion* et l'autre sur l'arête N.-S. allant au Bief-Brun.

De quelle époque date l'habitation du territoire des Bouchoux, de Hautes-Molunes?

De nouveau, sur ce point, les écrivains qui se sont occupés de l'histoire du pays ne sont pas d'accord.

On lit dans le *Dictionnaire historique, géographique de Franche-Comté* de Rousset (art. Bouchoux) :

« On trouvait encore, il y a quelques années, dans le costume des habitants, dans le mode de construction de leurs demeures, dans leurs usages, de nombreuses réminiscences de la période celtique.

. . . . Il y a dans le *Bois des Ecolais*, au fond d'un vallon, un bloc de pierre qui de tout temps a été appelé la *Pierre qui vire*, dénomination que l'on n'a guère appliquée jusqu'ici qu'à des monuments druidiques. Cette pierre de forme irrégulière, a 4 mètres de hauteur et 4m80 de diamètre. . . . .

. . . . Diverses médailles anciennes recueillies sur divers points du territoire, une voie antique de St-Claude à Eschalon passant au pied de la montagne de Beauregard, qui borne à l'Est la combe de Désertin, prouvent son existence pendant la période gallo-romaine. . . . . . .

Une bande germaine vint probablement occuper ces lieux du VIe au VIIe siècle. . . . .

L'invasion des Sarrasins en 732 a laissé des traces dans ces contrées. Un climat porte le nom de *Teppes-Maures*. Le chemin de St-Claude à Eschalon est appelé à Désertin la *Vie des Maures* (chemin des Sarrasins). Un embranchement de cette route sur Choux se nomma la *Vie Sarrasine.* »

Eh bien! il est difficile d'admettre que certains usages, certaines coutumes se soient transmis de la période celtique au XIXe siècle. Puisque j'ai parlé de l'origine celtique de *Molunes*, il est certain que ce mot est bien antérieur à l'habitation du pays qui nous occupe et dont les divers points demandaient des désignations spéciales, au fur et à mesure de leur occupation.

Les habitants, confinés dans leurs montagnes, pour ne point dire repaires, ayant peu de relations, vivant strictement ont pu conserver pendant longtemps quelque chose de primitif, quant au logement, à l'habillement, sans que, pour cela, leurs ancêtres sur le territoire, aient vécu à l'époque celtique.

Du reste on n'y a trouvé aucun débris archéologique, aucune trace de construction ancienne.

Les *pierres qui virent* sont nombreuses; ce ne sont le plus souvent que de simples blocs naturels, comme celui des *Ecolais*.

En outre, je doute fort qu'on ait trouvé des médailles anciennes sur le territoire des Bouchoux. On en a trouvé quelques-unes sur celui de Choux, ce qui n'établit même pas qu'il était habité, comme le dit dom Benoit, auteur précité. Elles ont pu y être apportées par des habitants des pays fertiles, des vallées surtout, fuyant devant les invasions nombreuses autrefois et cherchant un refuge dans les pays boisés, non défrichés, comme l'était le haut Jura.

Oui, il est certain que les peuples qui s'introduisirent en Séquanie (Franche-Comté), occupèrent d'abord les rives des cours d'eau, les pays fertiles de la plaine, du vignoble et laissèrent un peu de côté les montagnes incultes, couvertes de rocailles, de forêts, de marais. Comme je viens de le dire, le haut Jura ne renferme pas d'antiquités.

Par conséquent, les Bouchoux et implicitement Hautes-Molunes, ne peuvent-ils se prévaloir d'une origine historique éloignée. Leurs commencements sont assez obscurs.

M. Benoit dit qu'avant le Ve siècle il n'y avait pas de population dans ce pays; il commence à être habité et défriché après le Ve siècle, surtout sous les règnes de Pépin et de Charlemagne.

Au IXe siècle, il n'y a encore que quelques maisons isolées au milieu de quelques champs cultivés et de vastes pâturages.

De nombreux colons s'établissent dans la vallée du Tacon.

Ils ont reçu au VIIIe siècle la visite des Sarrasins ou Maures comme il l'a été dit plus haut; ceux-ci venaient de piller l'abbaye de St-Claude; ils ont séjourné dans la région. Ils avaient même, paraît-il, une forteresse à Châtillon-de-Michaille d'où ils se rendaient dans les pays voisins pour exercer leur piraterie. Des troncs d'alisier, d'alisier-sorbier (en patois : *pétive*) auraient été retrouvés dans les tourbières de Hautes-Molunes. Les Sarrasins auraient coupé ces arbres pour se frayer un passage de la vallée de Serine (Valserine) à celle du Tacon.

Les seigneurs du voisinage cherchèrent également à s'emparer du territoire des Bouchoux, entre autres ceux de Châtillon-de-Michaille qui l'occupèrent plusieurs fois.

Vers 1190, ils commencèrent la fondation du prieuré de Cuttura, dédié à Notre-Dame, et qui donna naissance à un pélerinage très fréquenté. Ce prieuré, aujourd'hui transformé en maison de culture, se trouvait sur la rive droite du Tacon, au nord du village actuel. Il dépendait de l'abbaye de St-Claude, à partir de 1231 (1); le supérieur était prieur de Cuttura (*Cuttura* de culture, terre propre à la culture dans une contrée où il y en avait fort peu, D. Monnier, 1855).

La présence des moines sur le territoire favorisa l'accroissement de la population; la région haute se transforma.

Les centres qui se peuplèrent durant les XIe, XIIe et XIIIe siècles, n'eurent primitivement que des *mainmortables* pour habitants. Ils étaient soumis à la mainmorte réelle et personnelle, c'est-à-dire qu'ils étaient privés de la faculté de disposer de leurs biens. « Libres quand elles étaient désertes, les montagnes du Jura devenaient esclaves à mesure qu'elles se peuplaient. » Les mainmortables héritant des biens de ceux qui mouraient, à la condition de vivre avec eux, formaient de nombreuses familles, de vastes associations de cultivateurs, frères et cousins, vivant sous l'autorité patriarcale d'un aïeul. Ainsi, ceux qui quittaient la famille n'avaient plus droit à l'héritage.

Ce régime de la mainmorte qui forçait les serfs à vivre en communauté, n'était pas des plus goûtés. Il dura ainsi jusqu'à la fin du siècle dernier.

Le prieur exerçait la justice basse et moyenne. Les assises se tenaient à la porte du prieuré. La haute justice (*cas criminels*), était rendue par l'abbé de St-Claude.

Le prieur percevait une quantité de denrées alimentaires : pain, vin, œufs, fromages, poules, grains, langues de vaches et génisses se tuant dans la seigneurerie ; il exigeait des chevaux et des agneaux à raison de un sur onze.

La grosse dîme sur les récoltes *(froment, orge, avoine)*, était de une gerbe sur onze; la petite dîme était de une gerbe sur douze, quatorze, seize, selon les localités. Dans certaines elle ne se payait pas.

« Les habitants avaient reçu le droit de *bouschoyer* et de *pascoyer* dans les forêts. La forêt du Cernétroux était divisée en deux parties; dans l'une les habitants pouvaient couper du bois pour leur chauffage; dans l'autre, ils obtenaient du prieur du bois pour bâtir.

Le prieur percevait le fromage fabriqué dans une jour-

---

(1) Les seigneurs y renoncèrent en faveur de l'abbaye à charge par le prieur de leur livrer annuellement treize fers pour ferrer leurs chevaux. (Rousset).

née par ceux qui menaient paître leur bétail sur les montagnes de Froide-Combe, des Nerbiers, du Reculet et du Cernois-Branchon. Celui qui élevait un poulain devait cinq œufs. Celui qui vendait un cheval, une vache, un mouton à la foire lui donnait un petit blanc par franc (1). Les aubergistes lui devaient un pain et une pinte de vin. » (Benoit).

On raconte que quelque temps avant la Révolution, une femme de La Pesse conduisait à l'abbaye de St-Claude un veau comme dîme : « Vous n'avez pas encore pour longtemps à payer la dîme, » lui dit un homme qu'elle rencontra. La suite des temps donna raison à celui-ci.

Pour en revenir au prieur des Bouchoux, il avait encore le droit de *confulet*. « Ce droit consistait dans l'obligation pour les jeunes gens de la paroisse de lui apporter le jour de l'Assomption, la liste de ceux qui s'étaient mariés dans l'année. Le prieur exigeait 18 gros de celui qui lui convenait et faisait remise de cette redevance aux autres. Cette somme était destinée à acheter les gros cierges de l'église. » (Rousset, p. 290).

« Le prieur était seigneur des Bouchoux, Chancia, Coisia, Coyrière et Coiserette en partie; Désertin et Taillat étaient de la paroisse de Choux et avaient pour seigneur l'abbé de St-Claude. » (Rousset).

Les habitants des Bouchoux eurent à lutter plus d'une fois entre les Suisses du pays de Vaud d'une part et les Français *(les gris)* d'autre part. Je relate plus loin quelques épisodes de la lutte entre les *cuanais* (comtois) et les *gris*. Je me borne à reproduire ceci : « En 1639, le prieuré et le village furent saccagés et brûlés par les Français. A cette époque, le quartier principal existait dans une vallée profonde, appelée le *Reculet* » (2).

Les habitations se reportèrent sur l'éminence qu'occupaient l'église et le presbytère, appelée *Bonneville*, du nom de celui (3) qui l'avait reçue en accensement. Un incendie, arrivé en 1772, dévora ce quartier à l'exception d'une seule maison.

L'église primitive des Bouchoux était fort ancienne. Les titres la désignent sous le nom d'*Ecclesia de Nemorosis*. Elle était bâtie au centre du village appelé le *Reculet*. Elle était desservie par les religieux du prieuré. Détruite au XVe siècle par les Huguenots, la paroisse fut transférée pendant

(1) Il y avait deux foires au village de Bonneville (on lira plus loin l'origine de ce mot). Ces foires se tenaient : l'une, le 16 août et l'autre le jour de la saint François.
(2) Au nord et proche du village actuel.
(3) On m'a dit que ce Bonneville était un banquier savoyard.

quelque temps dans l'église du prieuré. Un nouvel édifice fut construit dans le quartier de Bonneville et fut desservi par un vicaire perpétuel nommé par le prieur, curé primitif. Cette paroisse fit partie, jusqu'en 1742, du diocèse de Lyon.

L'église actuelle fut construite vers le commencement du XVIIIe siècle; elle fut agrandie en 1818 par l'adjonction des petites nefs, à l'exception du clocher et du chœur. (Rousset, p. 291).

Au commencement du XVIIe siècle, on construisit une chapelle à Très-la-Ville. Elle occupait l'emplacement d'un four situé à gauche de la route des Bouchoux à Très-la-Ville, vis-à-vis la maison de M. Bonneville Célestin.

Elle appartenait aux Vuaillat-Breysyn qui habitent Très-la-Ville depuis plus de 500 ans. Les propriétaires l'ont démolie en 1848 et ont utilisé les matériaux à la transformation de leur maison à cheminée de bois. Dans le côté gauche de la fenêtre de la cuisine exposée au nord, se trouve une pierre de ladite chapelle portant l'inscription suivante :

CONCEPTIONI

BEATE × M.E DICA

L'AN 1614   TV

CLAUDE OV   ENT

VVAYLLAT BREYSYN

DE BOCHOVH

et qu'il faut lire, croyons-nous : *Conceptioni beatæ Mariæ dicatum; l'an 1614, Claude-Ovide-Antoine (ou Anthelme) Vuaillat-Breysyn des Bouchoux.*

En 1742, le prieuré des Bouchoux fut réuni à la *mense* (terrain) du chapitre de St-Claude. Les chanoines, dont un portait le titre de : prieur des Bouchoux, étaient propriétaires de 12.000 serfs mainmortables.

« En 1770, ils élevèrent la voix pour obtenir leur liberté; ils lancèrent dans le public un mémoire volumineux rempli d'injures contre le chapitre de St-Claude et de déclamations contre la servitude. Ils prétendaient qu'ils étaient nés libres, que la perte de leurs libertés ne pouvait être attribuée qu'aux brigandages des temps féodaux et qu'on devait leur justifier du titre en vertu duquel ils étaient mainmortables. Les chanoines répondaient aux insultes qu'on leur prodigait, en termes fort modérés. Ils démontraient que la mainmorte avait pour effet de maintenir la vie patriarcale, de multiplier la population (?), d'empêcher les étrangers de devenir propriétaires du sol : que, du reste,

c'était un contrat volontairement consenti, etc. Un procès
s'engagea. Une sentence définitive fut rendue le 8 janvier
1772 par les officiers du bailliage d'Orgelet, auxquels le
Parlement de Besançon avait renvoyé la connaissance de
l'affaire; elle maintint le chapitre dans ses droits. Les
sujets offrirent, en 1780, une somme de dix mille livres
pour prix de leur liberté. Cette somme fut refusée. Enfin,
les chanoines, vivement sollicités par les ministres de
Louis XVI, affranchirent la même année leurs sujets des
Bouchoux, à condition qu'il leur serait payé un sol de cens
par arpent, de toutes les terres labourables, prairies et
pâturages et bois du territoire, n'exceptant que les rochers,
précipices, ravins et terrains incultivables. » (Rousset).

« M. de Rohan-Chabot, évêque de St-Claude (1785-1802),
disait dans une assemblée générale des trois ordres du
bailliage d'Aval (l'une des deux grandes divisions du
comté de Bourgogne et dont le siége était à Poligny):
C'est avec raison que la mainmorte est mise au nombre
des abus qui pèsent le plus sur les utiles et estimables
habitants des campagnes. Les terres de mon évêché, encore indivises avec mon chapitre, sont affligées de ce fléau.
J'ai souvent regretté de ne ouvoir le détruire; mais j'unis
de bon cœur mes supplications à celles que mes vassaux
adressent à Sa Majesté pour qu'il lui plaise d'affranchir
gratuitement leurs personnes et leurs biens. . . . . »
(Pyot, p. 274).

Les serfs de l'abbaye de St-Claude ont été les derniers
affranchis de France (j'ai déjà eu l'occasion de dire que la
Franche-Comté fut définitivement française à partir de
1678). En les rendant à la liberté, évêques et chanoines ne
faisaient qu'imiter ce qui s'était fait partout déjà; il n'y
eut de leur part aucune initiative généreuse. Les ministres
de Louis XVI sollicitèrent les chanoines parce qu'ils le
furent eux-mêmes par les défenseurs des serfs du Mont-
Jura qui firent nombreuses réclamations et démarches.
Parmi ces défenseurs, il faut citer Voltaire et Christin,
connus de toute la montagne surtout depuis le 4 septembre 1887, jour de l'inauguration de leur statue élevée à St-
Claude sur la promenade du Truchet.

L'affranchissement a dissous les familles nombreuses,
lentement il est vrai. Libres, les habitants furent encoura-
gés au travail; la faculté d'acheter, de posséder redoubla
leur ardeur, favorisa les mariages et, par suite, l'accroissement des familles. L'industrie étant nulle, pour ainsi dire,
on s'acharna à demander au sol des produits ; les terrains
incultes devinrent fertiles, le pays s'améliora. Aussi, aujourd'hui, le territoire est couvert de fermes, entourées de

bons prés, ayant chacune un pâturage pour le bétail. La culture est peu importante, il est vrai, car le sol est froid ; mais les montagnards ont donné essor à leurs facultés intellectuelles qu'ils ont dirigées vers l'industrie.

« Les biens du prieuré furent vendus nationalement le 29 décembre 1790 à Gaspard Bussod, moyennant 31.000 fr. (Rousset, p. 289).

Cette date m'oblige à dire quelques mots à propos de la Révolution. Elle eut ses partisans aux Bouchoux; on les appelait, par dérision, les *pistets*. Il y avait *pistets* et *aristos*. Le curé d'alors, M. Vincent, était assermenté, mais il ne fut pas imité par ses confrères. Il rassemblait parfois les jeunes filles et les faisait danser autour de l'arbre de la Liberté, coiffé du bonnet phrygien. Les autres curés allaient dire la messe dans certaines maisons ; à La Pesse, chez Mermet-Mochon Antoine, ou quelque part dans les bois : *Sur la Meya,* section de la Semine. Certaines gens, vivant encore, ont vu des arbres troués qui servaient à l'installation de l'autel. Ces prêtres portaient avec eux une pierre, appelée *pierre sacrée,* qui supportait les vases sacrés. Elle fait partie du tabernacle de l'église actuelle.

ÉPISODES
des guerres entre Français
et Francs-Comtois

Le cardinal de Richelieu, pendant son ministère (règne de Louis XIII), eut une politique tout à fait hostile envers l'Espagne. Il excita secrètement une guerre entre les Bugistes et les Bressans, Français, d'un côté, et les Francs-Comtois qui étaient Espagnols, de l'autre. Ces partisans commettaient des barbaries atroces; on se guettait, on se traquait, on se tuait comme des bêtes fauves.

« La paroisse de Champfromier, située à la pointe du haut Bugey, ainsi que Montange, Giron et Belleydoux, souffrirent beaucoup de ces guerres; les villages des Bouchoux et Viry, leurs voisins, alors territoire espagnol, subirent des représailles. Les Boucherans, Francs-Comtois, faisaient de fréquentes irruptions pour *picorer* (marauder, voler); ils prenaient, tuaient, incendiaient. Leur principal chef était connu sous le nom de Lacuzon; il était né à Longchaumois et mourut au siège de Milan. Un autre chef, aussi Boucheran, s'appelait La Suche : c'étaient deux tigres.

Les Champfromerands avaient aussi des chefs, dont l'un entr'autres, avait pour nom de guerre Espinassou ; la troupe de ce dernier était appelée les *Gris* et les Comtois, *Cuanais*, surnom emprunté de la dernière partie de Séquanais, leur désignation primitive.

Chaque chef choisissait un petit nombre des plus déterminés qu'il conduisait à la *picorée*. En 1634, une troupe de Francs-Comtois descendit à Champfromier ; ils entrè.ent dans l'église, forcèrent le tabernacle, prirent le ciboire et emportèrent tout ce qu'ils trouvèrent à la cure, puis allèrent boire et manger au levant d'icelle, au lieudit *Saint-Julien*. En s'en retournant ils passèrent par Monestier, hameau de Champfromier, mirent le feu au village : vingt-cinq maisons furent incendiées. Celle du notaire Genolin (qui en a laissé des notes par écrit) fut du nombre.

Ce notaire raconte que cet événement eut lieu le jour de la Saint-Jean-de-Noël, à l'aube du jour. Une autre fois, ils brûlèrent le reste du village ; à deux reprises différentes, ils mirent le feu à Champfromier ; ils y tuèrent sept personnes qui voulaient retirer des flammes quelques effets. Le hameau de Giron-Derrière fut à deux reprises consumé par les flammes.

Dans les registres de l'état civil de Champfromier, on trouve les notes et décès suivants :

Du 7 octobre 1639, les ennemis du roy du comté de Bourgogne, vindrent brûler, piller trente-trois maisons au village de Monestier, et pillèrent à Champfromier, mêmement dans l'église prindrent la custodie d'argent où reposait le Saint-Sacrement, et tuèrent sept personnes ; suivent les décès :

Claude, fils de François Ducret, de Monestier, a esté ensépulturé le 2 juillet 1639, tué par les Comtois en la combe d'Évouaz ;

Michel, fils d'Amédée Chardon, de Monestier, a esté ensépulturé le 3 juillet 1639, tué par les Comtois en Montpellaz ;

Claude, fils de Louis Baudy, de Monestier, a été ensépulturé le 14 octobre 1639, tué par les Comtois lorsqu'ils bruslèrent ledit Monestier ;

Claude Ducrest, de Monestier, a été ensépulturé le 14 octobre 1639, tué par les Boucherans ;

Philiberte Marquis, veuve de François Chevron, de Monestier, a été ensépulturée, le 16 octobre 1639, tuée par les Boucherans lors du bruslement.

Comme on le voit, ce ne fut que huit jours après l'incendie qu'on ensevelit les morts, la population ayant pris la fuite.

Dans le courant de novembre 1636, un capitaine de corps-francs d'Echallon, accompagné d'un certain nombre de ses partisans traversa le village de Giron et annonça qu'ils allaient à la *picorée* dans la Semine (Bouchoux); les habitants de Giron les suivirent de près jusqu'au lieudit le *Petit-Pré*, au point où le chemin qui vient d'Evouaz entre dans la forêt; les Gironnais y firent une barricade, ils fermèrent le chemin, présumant que les Boucherans qu'ils appelaient les *Cuanais*, viendraient à la poursuite des *Gris*. Ces derniers avaient ramassé dans la Semine et les environs une vingtaine de vaches et deux ou trois juments; ils prirent à leur retour le chemin d'Evouaz.

Mais La Suche, ayant été prévenu par les Boucherans du bas, se hâta de réunir un petit nombre de ses partisans, et, pour devancer les *Gris*, il monta par le *Cernay*, le *Trou* et le *Monthelcy*, vint au *Petit-Pré* où était la barricade, se poster dans les sapins près d'icelle, et là, chacun prépara sa carabine.

Le nommé Brunet, capitaine des *Gris*, était à cheval, et ses gens conduisaient les vaches et les juments. Arrivés à la barricade, on fait halte, et il ordonne de déboucher le chemin. Aussitôt les Comtois lâchèrent leurs carabines; ils blessèrent Brunet à la hanche et le *déguillèrent d'à cheval* (suivant leur langage). Plusieurs soldats ou partisans furent tués ou blessés. Les *Gris* abandonnèrent les vaches et les juments pour emporter leur capitaine, les blessés et les morts et se sauvèrent par *Sur l'Auger*. Les Boucherans reprirent leur butin et s'en retournèrent par la combe d'Evouaz. Les *Gris* transportèrent leur capitaine Brunet chez son beau-père, Merméty, de Montange, où il mourut huit jours après. Le brave Brunet était natif de Billiat.

L'Espinassou, autre capitaine des *Gris*, prit bientôt sa revanche, il fit plusieurs excursions aux Bouchoux. Non moins barbare que le capitaine Lacuzon, il mettait tout à feu et à sang; et, lorsqu'il trouvait des femmes ayant des anneaux aux doigts, ils coupait les doigts où ils étaient insérés et en remplissait ses poches. Revenant un jour de la *picorée*, un de ses hommes trouva dans une maison de la Semine une marmite de métal jaune; s'en étant emparé, il la portait sur sa tête, lorsqu'arrivés sur la *Percée* un petit nombre de *Cuanais*, qui rentraient de la *picorée* de Champfromier, les ayant entendus venir, s'écartèrent du chemin, se cachèrent derrière les sapins. L'un dit : *C'est les tzancrous de Gris qui viennent de picorer; à fô mira cili qui* porta la marmite. Le coup part et il étend mort le porteur de la marmite. Les *Gris* prirent le cadavre et se sauvèrent. Les Boucherans reprirent leur marmite, mais les anneaux et les doigts de leurs femmes restèrent dans les poches du terrible l'Espinassou (1).

Une autre fois, un gros de Boucherans fut surpris au lieudit *Sous Massans*, moitié chemin entre Monestier et Pont-d'Enfer, par une troupe plus forte et plus nombreuse de Champfromerans et de Montangers. Les Boucherans, trop faibles, posèrent les armes ; alors, un de Montange, appelé Berrod-Vally, montrant du doigt un *Cuanais*, s'écria : « Voilà celui qui a tué mon père ! » On répondit : « Rends-lui la pareille ! » Aussitôt Vally, tenant une pioche en main, lui en assène un coup sur la tête ; il étend le Boucheran ; puis Vally lui planta la pointe de sa pioche dans l'estomac et le traîna sur le Pont-d'Enfer. Tous les vaincus furent amenés au même lieu ; là, on leur faisait tourner le dos contre le gouffre, et, un coup de massue, porté par les *Gris* sur la poitrine, le poussait dans l'abîme. Depuis lors, les Boucherans ne traversent jamais ce pont sans contempler avec horreur ce précipice et sans s'écrier :

Voilà où les tzancrous de Gris firent sattaz noutros peires.
(Voilà où les tzancrous de Gris firent sauter nos ancêtres).

Nous avons dit que le capitaine Brunet qui fut blessé au *Petit-Pré*, était le gendre de Merméty, de Montange, et qu'il mourut de ses blessures. Ces Merméty étaient riches et avaient du crédit ; sous de faux rapports qui leur furent faits par des personnes qui voulaient du mal à un nommé Claude Chevron d'Evouaz, ils accusèrent ce dernier d'être le meurtrier de Brunet : Chevron, étant Français, fut arrêté et conduit dans les prisons de Belley. Une procédure s'instruisit contre lui ; il y eut enquête et contre-enquête et Chevron fut reconnu innocent et absous.

Enfin, le calme se rétablit peu à peu ; les villages incendiés réparèrent leurs désastres, et nous les voyons, en 1645, reprendre leur allure habituelle. . . . . . . : . .

. . . .

(Giron, Champfromier, Montange.
Debombourg, 1855).

(1) Le couvercle de cette marmite fut, dit-on, perdu *Sar l'Auger* ; la marmite, apportée à la Pesse, aurait appartenu en dernier lieu à Mermet-Mochon Victor, puis à Guichon Julien qui l'aurait vendue à Morez.

A propos de quelques noms de familles

De ce qui précède, il résulte que, sur le territoire des Bouchoux, c'est d'abord la vallée du Tacon et son voisinage qui ont été habités. A mesure que s'opérait le défrichement, s'élevaient des chaumières nouvelles. Du reste, les gens de Choux cultivaient une partie du territoire : Très-la-Ville, Léary, Sur-la-Roche. Choux serait la première commune de la région; les habitants étaient serfs du seigneur de La Bâtie; comme il n'existait pas de délimitation, ils allaient très loin pour cultiver : Il y a à Léary, le *Pré de Choux*; à Très-la-Ville, le *Pré de Rosset*. Ils établirent au Cernétroux, territoire de Hautes-Molunes, des « *loges* » pour loger le bétail qu'ils y conduisaient pâturer. Ce sont peut-être les premières habitations du territoire.

Dans son *Annuaire* (1853), M. D. Monnier, dit qu'en 1659, sept familles qui se disaient originaires du Haut-Bugey, composaient la population de La Pesse.

Le Haut-Bugey étant limitrophe, ce renseignement paraîtrait exact; mais voici ce que certaines personnes racontent, le tenant des générations précédentes :

Vers le milieu du XVIᵉ siècle, un nommé Mermet, protestant suisse, serait venu se fixer au lieudit : *Le Berbouillet.*

Maréchal de son état, il y établit une forge qui a été conservée très longtemps. Ce Mermet, dont le nom devint Mermet-Maréchal, eut neuf filles qui se marièrent dans les environs : l'une, avec un Louis, de Sur la Roche; une autre avec un Jacques, de la Semine; nous eûmes alors les Mermet-au-Louis; les Mermet-au-Jacques, etc. Cette famille de Mermet s'étendit sur tout le territoire compris entre Lélex et Sous-le-Rosay.

Actuellement, il y a à Hautes-Molunes une vingtaine de noms différents de Mermet : Mermet-Meillon, Mermet-Maure, Mermet-Cachon, Mermet-Bijon, Mermet-Jeunesse, Mermet-Burnet, Mermet-Grandpierre, Mermet-Grandfille, Mermet-Grandmottet, Mermet-Mochon, Mermet-Liaudoz, Mermet-Guyennet.

Par la suite, une famille de Perrier et ses descendants occupèrent la partie nord du territoire, du Reculet à l'Enversy. Il y a des Perrier-Cornet, Perrier-Grosbon.

Comme autres familles, il y a : des Bonneville, descendant probablement de ce banquier savoyard dont il a été parlé plus haut; des Rolandez, dont le nom ancien *Brigandez*, avait été donné à un banqueroutier savoyard ; des Grostabussiat, venant de Bugnin (Suisse); des Follet; des

Duraffourg; des Blanc, Savoyards dit-on, ce qui est très plausible, car jusqu'en 1601, le Haut-Bugey qui confinait le territoire appartenait au duc de Savoie.

CULTE [1]

La population de Hautes-Molunes est entièrement catholique, bien que dans le nombre il y ait passablement d'indifférents. Certains des pratiquants sont animés d'une foi sincère, sans fanatisme; chez d'autres, il y a beaucoup d'hypocrisie. Cette remarque est, du reste, plutôt générale que locale.

Érection de la Paroisse

L'érection de la paroisse des Moussières, en 1745, par Mgr Méallet de Fargues, avait donné aux habitants du haut plateau des Bouchoux, l'idée d'avoir aussi une paroisse. Avant la Révolution, il avait déjà été question de construire l'église; les fidèles des sections A, B et C composant ledit plateau se considéraient trop éloignés du centre paroissial où ils ne pouvaient se rendre que par de mauvais chemins; ils voulurent avoir une église. Elle devait être bâtie à l'Embossieux au levant du chemin qui relie cette section au village de Hautes-Molunes; certains propriétaires donnaient le terrain et le bois nécessaires. Par intérêt personnel, le curé des Bouchoux, M. Guichard, s'opposa à l'érection de cette église. Son successeur, M. Chavin, nommé le 27 prairial an XI (16 juin 1803) fit la même opposition.

En 1805, Mgr Lecoz, archevêque de Besançon, dans sa visite pastorale aux Bouchoux, trouva l'église trop petite pour une telle agglomération de population. Cette paroisse, comme je viens de le dire, avait à sa tête M. Chavin, confesseur de la foi pendant la Révolution; il fut successivement appelé à être directeur du Grand Séminaire, curé d'Arinthod, supérieur des Missions. Orateur distingué et homme d'action, il construisit les églises de Thoirette, de

---

(1) Les meilleurs renseignements de ce chapitre nous ont été fournis par M. Lacroix, chanoine à St-Claude.

St-Georges, de Rogna, les couvents des Bouchoux et de la Pesse, — qu'il ne put achever — mais très austère et très sévère, n'accepta pas l'idée d'un démembrement de sa paroisse dont il voyait partir la meilleure partie. Il contrecarra le projet de toutes ses forces.

Pour répondre au projet de la création d'une nouvelle paroisse, il se mit à construire un couvent à La Pesse où il voulait placer des religieuses pour instruire la jeunesse et une chapelle, où lui et son vicaire iraient dire la messe pour ceux qui étaient trop éloignés de l'église paroissiale ; mais les habitants n'en furent que plus excités à donner suite au projet de bâtir une église.

Il y eut des réclamations et des pétitions en 1809 et 1812 ; les têtes même s'échauffèrent, il y eut quelques dégradations au couvent de la Pesse. En 1818, M. Chavin agrandit alors l'église des Bouchoux en y ajoutant les deux petites nefs afin qu'on ne pût pas dire que l'église était trop petite pour la population.

Le gouvernement ayant formé le projet de créer 200 nouvelles succursales (25 août 1819), les habitants de La Pesse se prirent d'un nouveau zèle ; ils émirent de nouveau un vœu pour l'érection d'une succursale. A leur pétition, appuyée par le Préfet et le Conseil général du Jura, il fut répondu par l'archevêque de Besançon, le 14 avril 1820, qu'il ne pouvait statuer sur le projet d'érection de cette nouvelle paroisse qu'autant qu'il y aurait une église suffisante pour contenir la population, une sacristie fournie de tout ce qui est nécessaire au culte, un presbytère convenable et que les habitants devaient au préalable prendre les moyens propres à se procurer ces établissements.

Le 21 juin 1820, les principaux habitants s'engagèrent à construire à leurs frais une église et un presbytère ; mais cette souscription n'ayant pas paru suffisante à l'autorité civile, on exigea un cautionnement en immeubles de vingt mille francs. C'est alors que fut constituée une Commission de sept membres pour réunir les souscriptions, préparer les plans, acheter les terrains pour faire construire l'église.

Le 25 juin 1820 et le 10 juin 1821, le Conseil municipal des Bouchoux prit à ce sujet deux délibérations favorables qui furent soumises à qui de droit pour la réalisation du vœu formulé. Pendant ce temps, les habitants de La Pesse s'occupèrent de choisir l'emplacement de leur église et de l'élever. Le terrain fut acheté de Mermet-Mochon Victor ; l'église fut élevée en grande partie en 1822, à part le clocher, qui fut construit en 1834. Il y eut : des dons en argent, en nature, beaucoup de travail gratuit ; quand l'église fut ouverte au culte, tout l'ameublement fut procuré avec une générosité incroyable.

De tout cela, M. Chavin n'était pas satisfait; il excommuniait non seulement ceux qui prenaient part aux travaux, mais encore ceux qui disaient : « Ils font bien de bâtir »; approuvant ainsi une construction à laquelle s'opposait si vivement M. Chavin. Celui-ci ne restait pas inactif; il entreprit de séparer Reculet et Malatrait, section A de la commune des Bouchoux et de la joindre à la commune de Bellecombe et à la paroisse des Moussières. Il y eut même des enquêtes, des oppositions, des consultations d'avocat et enfin le projet tomba devant le refus de ceux qu'on voulait démembrer malgré eux. M. Chavin était soutenu dans son opposition par les habitants des Bouchoux qui avaient toujours eu une certaine suprématie sur les habitants des sections et qui profitaient largement de leurs dépenses diverses (les aubergistes surtout), quand ils venaient au chef-lieu de la paroisse. Ils travaillèrent de toutes leurs forces à entraver le projet par des contre-pétitions et en faisant exercer toutes les influences. C'est alors qu'il y eut des chansons de part et d'autre et même des rixes; ces chansons n'ont certes rien de commun avec les poésies de Victor Hugo; elles eurent néanmoins beaucoup de vogue; voici les quatre couplets de l'une d'elles :

Premier Couplet

Aubergistes des Bouchoux
Etes-vous devenus fous?
Au coin du feu sans mot dire
Tout étonnés, tout capons,
Vous nous faites mourir de rire
Mangeant le restant des pots *(bis)*

2ᵉ Couplet

Ils regardent tous en haut
Croyant nous prendre à l'assaut
Plus de brèches praticables
Ils mourront dans leurs fossés
Nos remparts sont imprenables
Requiescant in pace *(bis)*

3ᵉ Couplet

C'est aujourd'hui samedi,
Demain jour de grand débit.

— Oui, bien dans un temps, compère
Le débit allait grand train
Au lieu de trois vaches entières
Une chèvre suffit bien *(bis)*.

4e COUPLET

L'on ne m'a pas consulté,
Dit le curé irrité
Non, ils n'auront pas un prêtre
Car je m'y opposerai,
J'en prétends être le maître
Je les humilierai *(bis)*

Au printemps de 1823, Mgr de Villefrancon, archevêque de Besançon, étant venu confirmer aux Bouchoux, voulut s'éclairer complètement sur cette question du démembrement de la paroisse: il la fit débattre devant lui par trois députés de La Pesse et trois des Bouchoux, M. Chavin assistant à la conférence, mais n'ayant pas le droit de parler. L'orateur des Bouchoux fut M. Guichard, instituteur aux Bouchoux; celui de la Pesse, un nommé Pierre aux Liades, d'Evuaz, qui défendit admirablement sa cause, étonna l'archevêque par sa verve et ses réparties : « Si cet homme, disait-il, avait fait des études, il serait un des premiers avocats. »

L'archevêque, rentré à Besançon, allait se prononcer en faveur de la séparation, lorsqu'il apprit la séparation du diocèse de St-Claude qui eut lieu la même année, et laissa au nouvel évêque la charge de se prononcer sur cette question.

Mgr de Chamon, évêque de St-Claude, circonvenu par M. Chavin, répondit en 1826 que la séparation des trois sections ne pouvait pas avoir lieu, attendu qu'elles n'étaient pas érigées en commune et qu'une semblable distraction de paroissiens ne pouvait pas se faire sans le consentement de M. Chavin, ou sans un jugement canonique.

Les Pesserands ne se découragèrent pas. En 1829, ils firent de nouvelles démarches auprès du Conseil général, adressèrent des pétitions à l'évêque de St-Claude et au Ministre des Cultes : « Quand, à la voix de leur premier pasteur, disaient-ils à l'évêque, les suppliants animés d'un zèle pieux et guidés par une générosité sans exemple se sont empressés d'élever un temple à Dieu et de bâtir un logement convenable à son ministre, maintenant que ces constructions sont achevées à grands frais on se jouerait du sacrifice de ces fidèles, si, au lieu d'en retirer le fruit, l'église et le presbytère étaient destinés à devenir des ruines sans profits spirituels pour les habitants. »

Après la Révolution de 1830, le ministre des cultes ayant renvoyé tout le dossier à l'évêque de St-Claude, celui-ci donna son assentiment à l'érection de l'église en chapelle vicariale et le décret fut rendu le 23 mars 1831; en voici la teneur :

« Louis-Philippe, roi des Français, à tous présents et à « venir, salut !

« Sur le rapport de notre Ministre secrétaire d'Etat au « département des cultes,

« Le Comité de l'intérieur de notre Conseil d'Etat, en-« tendu,

« Nous avons ordonné et ordonnons ce qui suit :

« Article premier. — Les sections A, B, C, sur le plan « ci-annexé, sont distraites du territoire de la cure des « Bouchoux (Jura), diocèse de St-Claude et sont érigées en « annexe vicariale. » . . . .

. . . .

Moins d'un an après, les trois sections étaient érigées en commune sous le nom de Hautes-Molunes (ordonnance du 8 février 1832).

Le premier desservant, Peschoud, nommé le 1er octobre 1831, n'eut d'abord pas de traitement; on le lui fit par souscription. On lui donna en outre beaucoup de légumes, de beurre. La commune s'étant engagée à lui faire un trai-tement annuel de 800 francs, il fut fait face à cette dépense pour les trois derniers mois de 1831 et pour 1832, à l'aide de souscriptions volontaires qui furent insuffisantes et comblées alors par le Conseil municipal, lequel, le 10 no-vembre 1832, prit à sa charge le traitement annuel du des-servant.

Le 15 mai 1832, il fut demandé que l'annexe vicariale fut transformée en succursale avec le traitement du desser-vant à la charge du Trésor royal (il touchait 350 francs comme chapelle vicariale); mais il ne fut pas fait droit à la demande du Conseil qui renouvela ses instances chaque année. Ce vœu fut enfin réalisé le 30 janvier 1839 et grâce à l'intervention de Girod de l'Ain.

Les habitants de Hautes-Molunes étaient en droit de pousser un soupir de soulagement après une lutte aussi vive avec le curé Chavin, dont l'opposition fut qualifiée de *tracassière et scandaleuse.*

Il est bon de dire que l'église actuelle était achevée lors-que toujours le même *vindicatif* curé voulut, vers 1835, faire élever une chapelle à Magras, au pied du Crêt de Chalame, d'accord, en cela, avec l'évêque de Belley, qui aurait promis 3.000 francs pour cette construction.

Certains disent que M. Chavin le faisait par contrariété, rancune, ce qui n'eût guère été noble pour un prêtre; il le fit probablement plutôt par nécessité spirituelle, voulant réunir dans cette nouvelle paroisse les habitants d'Evuaz, de Très-les-Etraits, de Forent, de Sur les Pièces, de Malatrait et donner ainsi une église à la succursale de Forent (Ain), qui, chose rare, n'a pas d'église et est unie à la paroisse de Chézery dont le vicaire a le traitement de curé de Forent.

La tentative de M. Chavin échoua : la construction fut commencée, mais non achevée.

Les habitants de la combe d'Evuaz contribuèrent à la construction de l'église et au presbytère; ils sont, de fait, paroissiens de Hautes-Molunes depuis 1846. En 1853, le Conseil municipal leur demanda une subvention annuelle de 50 francs versée à la fabrique, auparavant, on leur appliquait un tarif spécial : pour les enterrements, ils devaient payer 10 francs pour les personnes au-dessus de 10 ans et 5 francs pour les enfants au-dessous.

Succession des Curés

Le premier curé fut M. Joseph Peschoux, de St-Claude, nommé le 1er octobre 1831; il exerça jusqu'au 1er juin 1833. Après avoir donné la première organisation à la paroisse de Hautes-Molunes, il fut successivement principal du collège de Salins, directeur de la grande école de Pont-Levoy, directeur du Grand Séminaire, chanoine et vicaire général de St-Claude, et nommé évêque de Cahors en 1862 où il mourut en 1864;

2° M. Louis Monnier, de Rogna, qui mourut curé de Lamoura;

3° M. Jean-Marie Lacroix, qui mourut curé de la paroisse le 9 août 1842, à l'âge de 35 ans;

4° M. Pierre-Emmanuel Rosset, des Villards-de-la-Rixouse, ancien curé de Choux et des Moussières, installé curé de Hautes-Molunes le 1er novembre 1842. En 1858, il eut une hernie étranglée qui nécessita une opération faite, malheureusement à la chandelle et qui ne réussit pas complètement.

L'intestin ayant été perforé, le docteur Guichon de Lyon,

natif de La Pesse fit fabriquer un bandage spécial pour recevoir les matières sur le côté; malgré cette douloureuse infirmité, ce bon curé vécut encore 19 ans; il mourut le 16 janvier 1877. Par suite de cet état, il eut successivement ses deux neveux pour vicaires : pendant trois ans, l'abbé Pierre Rosset, décédé chanoine honoraire et curé de St-Agnès; et, pendant 16 ans, l'abbé Germain Rosset, qui lui succéda et mourut d'une fluxion de poitrine le 31 janvier 1885;

6° M. Paul-Joseph Brenot, de St-Claude, installé le 1er février 1885, actuellement curé de Maynal;

7° Claude-Henri Millet, curé actuel, installé le 31 juillet 1892.

Cimetières

Le premier cimetière était au nord de l'église et y attenant; depuis 1847 il y en a un nouveau au N.-O., à cinquante mètres environ.

INSTRUCTION

Avant 1789, l'instruction était peu répandue dans les montagnes du Jura et en particulier aux Bouchoux; un nombre assez restreint de personnes — et les hommes surtout — possédait quelques connaissances comme lecture, orthographe et calcul; les autres vivaient dans une ignorance complète, faute de maîtres, faute d'écoles. Il arrivait que les plus instruits, peu occupés pendant l'hiver, transformaient une chambre de leur habitation en salle de classe et communiquaient leurs connaissances aux jeunes gens qui voulaient bien accepter, moyennant rétribution. Ces écoles, qui existaient dans les diverses sections, temporaires d'abord, changeaient de maîtres très souvent; il n'y avait rien de fixe, de régulier, puisqu'elles étaient improvisées, que les maîtres n'avaient aucun titre et inspiraient, pour la plupart, plus ou moins de confiance. Le mobilier scolaire était rudimentaire, cela va sans dire; les écoliers n'avaient pas de livres à eux ou rarement; tous lisaient dans le même livre de lecture, la *Bible* de préférence; on écrivait sur du papier, mais peu, car on faisait usage de plumes d'oie qu'il fallait tailler souvent; du reste, tous les maîtres n'étaient pas habiles à tailler ces plumes convenablement.

La rétribution scolaire était en moyenne de trente sols par mois.

Vers 1750, Grandclément Pierre-Marie faisait l'école à l'Embossieux; Guichard Joseph, Marie Billet, la faisaient au Crêt. Plus tard, Marie Bonneville la faisait au Crêt; Duraffourg Jean-Marie au Berbois.

Le 21 juillet 1806, on accepta comme instituteur aux Bouchoux, le frère du curé, Chavin Germain, il devait, outre ses fonctions, « chanter la grand'messe ou autres affaires qu'il exigera pour son ministère et pour tous les jours que le curé en aura besoin. » On lui accorda pour l'hiver : 50 francs de traitement, plus 1 fr. 50 pour chaque élève sachant écrire et 1 franc pour ceux qui n'écrivaient pas.

A La Pesse, le système d'instruction populaire ci-dessus persista jusque vers 1830, époque à laquelle on eut le premier instituteur breveté : Mermet-Grandmottet Claude-Marie. Il commença à faire l'école chez lui, lieudit *Sous-les-Bois*. Puis il vint à Hautes-Molunes sur la demande du Conseil municipal. Celui-ci, le 11 mai 1834 vota 3 centimes additionnels en faveur de l'instruction primaire (traitement de l'instituteur). Le 15 décembre de la même année, il prit la délibération suivante :

Le Conseil Municipal,

Vu les demandes formées par les sieurs Mermet-Grandmottet Claude-Marie, né aux Bouchoux, le 6 avril 1798, et Duraffourg Jean-Marie, né au même lieu le 13 avril 1800;

Vu les pièces à l'appui de chaque demande, savoir :

Pour le sieur Mermet-Grandmottet : 1° Brevet de 2e degré en date du 24 juin 1828; 2° le certificat de moralité délivré par le Maire, le 15 novembre dernier. — Pour le sieur Duraffourg : 1° Brevet de 2e degré, en date du 16 novembre 1824; 2° le certificat de moralité délivré par le Maire, le 15 novembre dernier;

Considérant qu'il n'a pas été nommé d'instituteur communal à Hautes-Molunes, conformément à la loi du 28 juin 1833; après avoir pris l'avis du Comité local, conformément à l'art. 21 de la loi précitée, présente au Comité d'arrondissement les deux candidats ci-après pour que l'un soit nommé instituteur à Hautes-Molunes, le Conseil exprimant sa préférence par le rang qu'il leur donne ici : 1° Mermet-Grandmottet Claude-Marie; 2° Duraffourg Jean-Marie.

Le 28 février 1835, le premier fut nommé instituteur et installé le 1er juillet de la même année après avoir juré

fidélité au roi des Français, obéissance à la Charte consti-
tutionnelle et aux lois du royaume.

Le 8 août 1836, furent arrêtées les dépenses de l'instruction primaire, d'après la loi du 28 juin 1833 et l'ordonnance du 16 juillet suivant, savoir : traitement fixe de l'instituteur pour 1837 : 200 francs; taux de la rétribution mensuelle : 1 fr. 25 par élève. Pour 1838 et 1839, il y eut trois
taux de rétribution : 1 fr. 50, 1 fr. 25 et 1 fr.

Jusqu'à cette année, l'école fut faite aux deux sexes par
l'instituteur, dans un local appartenant au curé Chavin.
Le 27 juin 1839, le Conseil se proposa de construire une
école; le devis estimatif fut de 6.300 francs. Le 2 novembre
de la même année, le Conseil présenta au Comité d'arrondissement la demoiselle Rolandez Marie-Joséphine, née aux
Bouchoux, le 12 septembre 1813, sans brevet, pour exercer les fonctions d'institutrice communale. Son traitement
fut fixé à 80 francs, à partir du 1er janvier 1840; elle eut
même rétribution mensuelle que l'instituteur. Le 22 octobre, le Conseil avait dû délibérer sur une pétition du curé
Chavin, adressée au Préfet et relative à la construction de
la nouvelle maison d'école qu'il voulait faire établir dans
la section A, La Pesse, chef-lieu de la commune pouvant,
selon lui, se contenter des appartements occupés
jusque-là par les classes, dans une maison à lui appartenant
et desquels il ferait la cession gratuite. Il fut répondu à
cette pétition par le Conseil municipal qui voulut placer
l'école au point central où se trouvaient déjà l'église et le
presbytère, la commune ne pouvant construire autant de
maisons d'école et rétribuer autant d'instituteurs qu'il y
avait de sections; de plus, l'école étant à portée de l'église,
les enfants pourraient facilement assister aux exercices
religieux.

L'enquête de *commodo* et *incommodo* qui eut lieu pour
déterminer l'emplacement et la convenance de la construction ne souleva aucune réclamation. En achetant le bâtiment de M. Chavin qui n'avait jamais été terminé et qui
ne convenait, du reste, pas pour une école, la commune
l'aurait fait démolir pour utiliser les matériaux. En sem-
blant faire une offre généreuse, M. Chavin émaillait sa pétition de termes déplacés et calomnieux, il ne pouvait toujours pas digérer la scission de la commune des Bouchoux.

A propos de son bâtiment inachevé, la délibération du
Conseil contient ces termes : « *Le génie inventif de M. Cha-*
« *vin n'achève rien, promet tout et ne tient rien; son bâti-*
« *ment des Bouchoux, quoique bâti à la porte du presby-*
« *tère, sous ses yeux est aussi près de sa ruine, que celui de*
« *La Pesse, bâti en 1811.... »*

Le 16 novembre 1840, nouvelle institutrice sans brevet ; Perrin-Bonnet Marie-Geneviève ; traitement, 80 francs ; rétribution mensuelle, 1 fr. 25 et 1 fr.

Le 18 novembre 1841, le taux de la rétribution fut unique : 1 franc. Dix élèves étaient admis gratuitement à l'école.

La maison commune fut terminée en octobre 1843.

Le 14 février 1847, nomination de Mermet Jeanne-Marie, traitement : 100 fr. ; rétribution, 1 fr. 25. A partir de cette époque, Mermet-Mochon Claude-Marie exerce comme instituteur communal sous la direction de Mermet-Grandmottet. Le 10 août 1849, nouvelle institutrice : Grandclément Marie-Césarie, brevet 2e degré, mêmes ressources que la précédente. Le 15 mai 1850, Perrier-Cornet Jules-Aimé est autorisé à ouvrir une école privée au hameau du Crêt. Le Conseil, ce même jour, vota à l'instituteur du village un supplément de 155 francs pour que son traitement, y compris la rétribution, atteigne 600 francs. Il sollicite de l'Administration les ressources nécessaires pour que le traitement de l'institutrice et de l'instituteur du hameau soit porté à 600 francs également.

Dans sa séance du 9 février 1851, après avoir pris connaissance des dispositions de la loi de 1850 et du décret du 7 octobre suivant, relatifs aux dépenses de l'enseignement primaire, le Conseil fixe le taux de la rétribution scolaire pour 1852 à 1 fr., taux unique, arrête le traitement fixe de l'instituteur à 200 francs et lui alloue un supplément pour atteindre le chiffre de 600 francs. La rétribution mensuelle des filles était fixée par l'institutrice, selon l'aisance des familles. Le 15 décembre 1856, installation de Lamberthod Victor comme instituteur communal ; traitement : 600 fr. Le 7 février 1858, vote de 60 fr. pour le chauffage des classes.

A partir de 1860, le traitement de l'institutrice fut porté à 300 francs, tout compris. Le 12 février de ladite année, le Conseil proposa de remplacer la rétribution par un abonnement de 10 fr. par an ; le taux de la rétribution était fixé à 1 fr. 50. Pour 1862, abonnement à 8 fr. ; taux de la rétribution, 0 fr. 60. Cette année le traitement de l'institutrice s'éleva à 394 fr. 40 et à 400 fr. l'année suivante. Le 20 avril 1862, installation de Guignard Alphonse ; le 8 octobre 1863, de Grandclément Amélie.

Le 29 février 1864, l'abonnement pour les deux classes fut fixé à 8 fr. et le taux de la rétribution à 1 fr. 60. Le 15 novembre 1866, installation de Jacquet Hermance. Le 1er novembre 1867, installation de Janier César et de Bourgeois Marie. Le 5 janvier 1868, installation de Boisson

Célestin. Le 13 février 1868, le traitement de l'instituteur fut porté à 700 francs. Le 1er novembre 1868, installation de Picod Emmanuel. Le 1er avril 1869, de Gros Florentin. En 1870, le traitement de l'institutrice fut porté à 500 fr.; le 11 octobre, elle reçut une gratification de 40 fr. et l'instituteur 150 fr. Le 19 février 1871, les traitements de l'instituteur et de l'institutrice furent portés à 900 fr. et à 650 fr., la commune prélevait pour elle la rétribution scolaire arrêtée depuis 1864 à 1 fr. 60 par mois ou à 8 fr. par abonnement. Pour chaque élève admis gratuitement, la commune accordait 0 fr. 55 par mois à l'instituteur. A partir de cette époque, les traitements de l'instituteur et de l'institutrice furent fixes; ils n'ont varié depuis que selon la classe et le mérite de chacun, lequel leur valait des gratifications communales.

En 1881, on établit à l'Embossieux une école mixte. Elle occupe, ainsi que le logement du maître ou de la maîtresse, une partie des appartements d'une ferme. A l'heure actuelle sont votés les fonds et dressés les plans nécessaires à l'érection de deux nouvelles écoles : l'une au village; l'autre à l'Embossieux.

Les trois écoles actuelles comptent qlus de 100 élèves. La fréquentation n'est pas très régulière pendant la belle saison et quelquefois en hiver lorsque la quantité de neige est considérable; néanmoins le nombre des certificats d'études obtenus est respectable.

INSTITUTEURS ET INSTITUTRICES

qui se sont succédé dans la commune depuis 1881, année du départ de M. Gros et de Mlle Bourgeois, devenue Mme Gros :

HAUTES-MOLUNES (Village)

INSTITUTEURS	INSTITUTRICES
Bourgeois, 16 mai 1881.	Charpillon, 16 mai 1881.
Citoyen, 1er décembre 1889.	Brunet, 27 octobre 1881.
Benoit, 16 octobre 1890.	Chevassus, 16 avril 1885.
Thorel, id. 1891.	Molard, 1er juillet 1889.
Jacquet, 21 novembre 1891.	Brenot, octobre 1891.
Culas, octobre 1891.	Puget, id. 1896.

L'EMBOSSIEUX

Lacroix, 3 novembre 1881.	Mermet, 1er avril 1888.
Liottet, octobre 1882.	Juhan, 16 octobre 1888.
Mlle Chevassus, 16 octob. 1883.	
Mlle Carloz, 16 avril 1885.	Mlle Auërr, décembre 1891.

Grâce aux libéralités des communes et du gouvernement, l'instruction est partout en faveur, chacun possède ou pourra posséder un certain nombre de connaissances indispensables; le nombre des illettrés ira en diminuant. A Hautes-Molunes, la jeune génération n'en compte plus un; sur son territoire, l'instruction nouvelle fait disparaître petit à petit certaines croyances, pratiques superstitieuses, certains préjugés autrefois en honneur.

L'ancienne seigneurie des Bouchoux, était, paraît-il, au Moyen-Age, la terre classique de la *sorcellerie*. Sans parler des préjugés ordinaires on était superstitieux à l'excès, dit M. Roussel, on admettait l'existence des démons, des sorciers; on avait recours à différents procédés empiriques pour essayer de connaître l'existence d'un objet en un lieu désigné, pour essayer de guérir le bétail ou les personnes malades. A Hautes-Molunes, en particulier, nombreuses gens ont autrefois, paraît-il, eu recours à diverses pratiques superstitieuses pour découvrir un trésor, soi-disant caché dans la forêt de Cernétroux.

On croyait que les « sorciers » ayant conclu un pacte avec le diable, avaient le pouvoir d'endommager le bétail, le faire mourir même, et cela avec une poudre, une graisse, un clin d'œil, un attouchement, un coup de baguette, etc. Il n'y a pas bien longtemps encore, certain cultivateur dont le lait d'une de ses vaches avait tari, était persuadé qu'un mendiant de passage avait touché le pis de la vache.

Les *dons*, surtout celui de *guérir par secret*, sont encore crus par bien des personnes qui ont comme une espèce de vénération pour ceux qui, soi-disant, les possèdent.

L'instruction, la science surtout qui dévoile les secrets, se feront jour peu à peu et laisseront loin derrière elles toutes ces croyances stupides qui ne profitent qu'à de rusés compères ou à d'impudents exploiteurs.

Géographie Physique

Configuration du sol. — La commune de Hautes-Molunes repose sur un plateau d'une altitude moyenne de 1.100 mètres qui va en s'inclinant de l'est à l'ouest. Ce plateau est sillonné dans toute son étendue par des chaînons et des vallées présentant des reliefs saillants (le *Nerbier*, la *Crête*, les *Versants de la Semine*, le *Crêt*, etc.) ou creux (*Froide-Combe*, *Malatrait*, *l'Emboteilleux*, etc.) plus ou moins prononcés. Les chaînons sont à versants inégaux; derrière eux, les vallées ou les plateaux sont accidentés, coupés en divers sens et dont les différences de niveau varient de 200 à 300 mètres au plus.

Le terrain offre des pentes à toutes les expositions; mais les principaux versants et ce sont les plus nombreux, sont inclinés à l'ouest et à l'est. A l'Emboteilleux, à l'Embossieux, au Cernétroux, certains versants sont exposés au nord et au sud.

Nature du sol. — La base géologique du sol de Hautes-Molunes se compose de bandes de presque tous les terrains que l'on rencontre dans le département. Le *jurassique supérieur* y domine; mais on y trouve également le les *jurassiques moyen* et *inférieur*, le *crétacé*.

De ci, de là, existent en très grand nombre des bancs de rochers calcaires appartenant aux étages *oolithique* supérieur et moyen. Ces bancs, situés à des profondeurs variables, affleurent souvent sous la forme de blocs plus ou moins volumineux ou s'élèvent au-dessus du terrain environnant.

Les fossiles sont rares; on rencontres quelques *rynchonelles* (poules).

Le sol est de qualité variable. Dans les bas-fonds et sur les versants en pentes douces où l'argile est mêlée au calcaire il est ordinairement profond et bon; tandis qu'il est de qualité médiocre, souvent même improductif dans les parties où les bancs de rochers presque horizontaux quoique divisés, affleurent ou sont à peine recouverts d'une légère couche de terre végétale. Ce sont ces terrains qui constituent les *communaux* et les pâturages des cultivateurs.

Les terres les plus profondes et par conséquent les meilleures se trouvent dans les environs du village, à la Semine, au Reculet, au Nerbier. Au Crêt, au Cernétroux, le sol est plus léger, un peu plus chaud. Aux Molunes, à l'Embossieux, à l'Emboteilleux, à Malatrait, il y a beaucoup de terres marécageuses, froides.

Les *communaux* se trouvent à Chaux-des-Ambres; ils forment un bas-fonds d'une certaine étendue. Ils sont loués aux cultivateurs riverains qui y font paître leur bétail pendant l'été. Anciennement on a défriché de ces communaux certaines parties gui subsistent encore sous forme de petits enclos appelés *essards*.

Tourbières. — On rencontre à Hautes-Molunes un assez grand nombre de tourbières. Etant le résultat d'un détritus végétal de nature particulière, elles n'existent que là où il y a des lacs ainsi que dans les bas-fonds où l'écoulement des eaux est lent et empêché.

C'est ce qui existe pour ce dernier cas aux Molunes, à la Semine, au Calonard, au Reculet, à l'Embossieux, à l'Emboteilleux, au Crêt.

La tourbe se brûle après avoir subi une extrême dessication. On la coupe d'abord en morceaux à peu près carrés de un à deux décimètres, épais de deux à quatre centimètres. Ces morceaux sont appuyés sur le sol les uns contre les autres; on les retourne de temps en temps. Lorsque la dessication est à peu près complète, on forme avec les morceaux des tas coniques appelés *lanternes* de 1m50 de diamètre environ, hauts de deux mètres et vides à l'intérieur. La dessication s'achève ainsi, après quoi on emmène la tourbe à la maison.

Etant donnée la dissémination des tourbières sur le territoire, beaucoup de gens utilisent la tourbe comme combustible. Elle répand, en brûlant, une odeur âcre, désagréable, à laquelle on s'habitue toutefois. Les cendres jaunâtres ne sont pas propres au blanchissage; en revanche, elles paraissent produire de bons effets sur les sols humides où elles contribuent à détruire les mousses, etc.

On rencontre ordinairement dans les tourbières des parties d'arbres en décomposition, quelques végétaux, des joncs entre autres, n'ayant plus que la forme.

La tourbe possède des propriétés antiseptiques, cicatrisantes; la ouate de tourbe est employée comme matière à pansement. Elle jouit en outre d'un principe absorbant beaucoup plus considérable que celui de toutes les matières textiles. Aussi, trouve-t-on actuellement dans le commerce du linge de corps fabriqué avec un lainage à la ouate de tourbe: *tissu hygiénique français du docteur Rasurel*.

Règne végétal (flore)

Plantes, Arbustes. — La flore de Hautes-Molunes est assez riche : on y trouve un grand nombre de plantes communes aux diverses régions et aussi une certaine quantité de plantes dites *alpines*.

Au printemps, il semble qu'il leur tarde de paraître, car il n'est pas rare de voir des fleurs nouvelles à côté de monceaux de neige ; le cas se présente plus fréquemment sur le premier chaînon des Monts-Jura comme, du reste, dans toutes les hautes montagnes. Ces fleurs des régions élevées ont un éclat qui augmente avec la hauteur. Elles n'ont pas longtemps à briller et il semble qu'elles veulent se venger sur le temps par l'intensité, la vivacité de leurs couleurs.

Ce n'est pas tout à fait le cas pour celles de Hautes-Molunes dont les principales sont : ellébore noir, tussilage, renoncules, aconit tue-loup, aconit napel, primevère officinale, cresson, cardamine, dentaire à feuilles digitées, parnassie, œillet des chartreux, silène, géraniums, millepertuis, oxalide pain de coucou, trèfles, orobe, alchémille commune, alchémille des Alpes, rosier des Alpes, rosier résineux, spirée barbe de chèvre, spirée ulmaire (reine des prés), potentille printanière, tormentille couchée, épilobe en épi, épilobe des montagnes, saxifrage à feuilles rondes, dorine à feuilles alternes, valériane des montagnes, centhrante (valériane rouge, aux Couloirs), gnaphale des bois (à Chalam), gnaphale dioïque, cacalie des Alpes, cacalie velue, airelle myrtille, airelle ponctuée, grassette à grandes fleurs, gentiane printanière, gentiane jaune, érine des Alpes, euphraise (yeux de souris), renouée bistorte, vératre blanc, parisette (herbe en croix, aux coupures), moyanthème à deux feuilles, narcisse des poëtes, narcisse sans pareil (damette), narcisse à fleurs jaunes (pipe), nivéole printanière, orchis, nigritelle parfumée, nigritelle à feuilles étroites, néottie nid d'oiseau, centaurée, scabieuse, menthes, marjolaine ou origan, thym, serpolet, plantains, fougères, les principales *graminées*, etc.

Il n'y a pas de violettes, de verveine, de muguet. Il y a du genévrier, pas de buis ni de houx. Les champignons sont assez nombreux, vénéneux ou comestibles. Parmi ces derniers, on rencontre la morille noire (*morchella conica*), le clavaire (*clavaria flava*), le mousseron (*agaricus albellus*).

Arbres. — L'essence dominante est le sapin qui constitue une des richesses de la montagne. Il y en a deux espèces : le sapin proprement dit (*abies pectinata*) et l'épicéa ou pesse (*abies excelsa*) plus fin, plus serré, à écorce plus fine, à tige plus élancée que le premier. Le sapin domine de 700 à 1.000 mètres; l'épicéa l'emporte à partir de cette hauteur; aussi, dans les propriétés particulières et dans la forêt de Hautes-Molunes il y a beaucoup plus de sapin que d'épicéa.

Un climat froid convient au sapin car la résine qui en est la sève se liquéfie trop facilement à une douce température et tend à s'échapper par les pores de l'arbre au préjudice de son accroissement.

Il faut au sapin du soleil à la pointe, de la fraîcheur au pied.

Après le sapin vient le hêtre (*fagus sylvaticus*) ou foyard dont le feuillage d'un vert tendre contraste avec le feuillage noirâtre du sapin.

Dans le voisinage des habitations, on rencontre souvent le frêne; puis, de ci, de là, l'alisier, le noisetier, le pommier sauvage.

Pas d'arbres à fruits.

Règne animal (faune)

1º Mammifères (*I. Animaux domestiques*). — En première ligne, il faut placer la vache qui assure le bien-être des habitants. Elle est de race suisse (*schwitz* et *fribourgeoise*) ou de race *comtoise* ou *fémeline* grosse et bonne laitière. Pas de bœufs attelés au joug, quelques-uns seulement au collier.

Les divers négociants ont tous un ou plusieurs chevaux.

Dans beaucoup de fermes il y a des chèvres; dans quelques-unes seulement, des moutons en petit nombre.

II. Animaux nuisibles habitant les maisons ou leur voisinage. — Il n'y a guère que les rats, les souris, les belettes.

III. Animaux forestiers ou sauvages. — Ils sont assez peu nombreux surtout que le déboisement s'est opéré petit à petit. Il n'y a cependant pas un siècle que les loups et les ours ont disparu de la région; des hivers très rigoureux pourraient, peut-être, en ramener encore.

Le 13 juillet 1790, les gardes nationaux du Mont-Jura allèrent à Paris; on les regarda avec étonnement, car à cette époque les Parisiens croyaient que ces montagnards partageaient avec les ours le gîte et la nourriture. Ils demandèrent même à plusieurs d'entre eux s'il était vrai que chaque matin ils mettaient sur les portes des écuelles de *gaudes* pour les ours.

Le 8 février 1845, on rencontra sur la Faucille deux ours d'une grande taille qui paraissaient venir des Alpes. Depuis plus de dix ans, on n'en avait pas vu, ce qui semblerait établir qu'au commencement du siècle on en rencontrait de temps à autre.

Aujourd'hui, loups et ours, hôtes peu commodes, ont disparu. En somme, pas de bêtes dangereuses; mais quelques-unes encore de malfaisantes : renard, blaireau, marte. Pas de sangliers.

Les lièvres, les écureuils, les chevreuils excitent l'ardeur des chasseurs.

2° Oiseaux. (*1. Oiseaux domestiques*). — Étant données le peu d'abondance des céréales ainsi que la trop grande durée de l'hiver, les oiseaux domestiques ne comprennent guère que le coq et la poule. Il n'y a que très peu de pigeons, de canards.

II. Oiseaux sauvages. — En revanche, ceux-ci sont assez nombreux. Ce sont l'aigle, l'épervier ou tiercelet, le faisan, la gelinotte, le corbeau, le coucou, le pic-bois (*becaben*), la pie ou *agache*, le geai, le merle, la grive, la bergeronnette ou *hoche-queue*, l'alouette, l'hirondelle, le moineau, le bouvreuil, le linot, la fauvette à tête-noire, le verdier, le pinson de montagne ou des Ardennes, le bec-croisé au plumage cendré, lourd, qui se nourrit de graines de sapin, etc.

Comme oiseaux émigrants : la caille.

La bécasse est de passage ainsi que les canards sauvages, les grues.

III. Reptiles, Amphibiens, Poissons. — Pas de serpents, le lézard gris, la salamandre, la grenouille commune rousse, pas de rainette, le crapaud. Pas de poissons.

Météorologie

Le climat de Hautes-Molunes est celui de toutes les régions élevées : air pur et vif, variations de température fréquentes et longues, pluies assez abondantes. Les brouillards ne se forment que pendant quelques journées d'automne.

En temps de sécheresse, les vents dominants sont : E. ; E.-N.-E. ; dans les temps de pluie, S.-O., S. Les vents de E.-N.-E. et S.-O. sont les plus violents, sans occasionner cependant de grands dégâts. Il tombe en moyenne, eau et neige fondue, de 1m45 à 1m60 d'eau. Les orages sont fréquents et parfois violents en été, mais rares en hiver.

Pendant l'été, les chaleurs sont assez fortes surtout en juillet-août, le séjour de la montagne est très agréable. Malheureusement cette saison est trop courte, en septembre on entre dans une saison pluvieuse et froide ; on fait connaissance avec les brouillards ; mais, comme je l'ai dit, pour quelques jours seulement, ils se divisent sous l'influence des courants d'air, se dissipent sur la cime des montagnes ou se déposent en pluie fine sur les forêts.

La neige apparaît quelquefois déjà en septembre, le plus souvent en octobre-novembre pour ne disparaître totalement qu'en avril, mai et même juin. Pendant l'hiver 1889-90, le sol a été couvert de neige de la mi-octobre à la mi-juin ; pour la Pentecôte (1890), il est tombé de 30 à 40 cent. de neige nouvelle et le froid était rigoureux. En certaines années, il a neigé tous les mois. Le 23 juillet 1843, on en mesura plus d'un décimètre. Le 19 juin 1869, à deux heures du soir, il neigeait à gros flocons. En 1887, on en mesurait déjà 50 centimètres le 12 octobre et 35 centimètres le 12 octobre 1888. Pendant les hivers 1888-89, 1890-91, la neige n'est au contraire tombée qu'en janvier, cas assez rare.

C'est dire que la neige est capricieuse, ou mieux, que la température est très variable. Ainsi, pour remonter un peu plus en arrière, au mois de janvier 1763, on a labouré en Chalam trois jours pour y semer à Pâques suivant ; il n'y eut au plus que 8 à 10 centimètres de neige sur le territoire. En 1780, il y eut une sécheresse qui « grilla » tout. En 1781, on fit au mois d'août, du pain de blé crû à Chalam, chose rare, car il n'en croît pas du tout maintenant ; l'orge a peine à y mûrir ; on la récolte en septembre et même en octobre. en 1783, l'hiver fut long, rude, abondant en neige. L'année 1817 fut appelée « l'an de la mauvaise saison. » il neigea tous les mois de l'année ; les récoltes furent compromises ; l'orge se vendait 8 à 9 fr. le double décalitre et le pain 7 sous la livre. On allait chercher à dos d'homme des pommes de terres au pays de Gex, de la farine à Nantua ; la charge de farine pour venir de cette dernière ville à Hautes-Molunes se payait 40 francs. On ramassa certaines herbes des champs ; on mangea des gâteaux de son. L'année 1822, année de la comète, fut bonne.

Aspect de la montagne en hiver. — Pendant cinq ou six

caractère s.

mois, la haute région est ensevelie sous un épais manteau de neige qui interrompt souvent pour un certain temps toutes les communications.

Les bas-fonds se comblent de neige, il n'est pas rare d'en mesurer plusieurs mètres en beaucoup d'endroits. Aussi, pour que la direction des chemins reste indiquée, on plante des poteaux sur leurs bords, de distance en distance. Et quels chemins alors? ici, c'est une tranchée faite à la pelle; là, un monticule produit par la neige qui a été poussée. L'essentiel est que les traîneaux puissent circuler le moins mal possible. L'usage de la herse est peu pratique.

Je viens de dire que la neige était poussée parfois; c'est un fait qui ne s'observe guère, surtout ce qu'on appelle la *tourmente,* qu'à une altitude supérieure à 800 mètres. De temps en temps un vent violent souffle presque sans bruit, soulève la neige en forme de tourbillons qui rendent tout voyage impossible, remplissent les chemins, interrompent de nouveau les communications et font en bien des endroits des amas de neige considérables.

« Si, dans ces moments d'obscurité profonde, il s'élève un tourbillon, ou, comme on dit dans le pays, *une poussée,* le péril est extrême, il y va de la vie. Le tourbillon flotte de toutes parts, enlace le voyageur dans ses sombres replis, lui trouble la vue, l'aveugle. On chemine péniblement sans savoir où l'on porte ses pas. On croit se diriger dans la voie la plus sûre et l'on tombe dans un précipice. (Xavier Marmier. *Souvenirs de Franche-Comté*). »

Pendant qu'il neige, que le vent souffle, les cultivateurs soignent leur bétail et se livrent généralement à un travail qui doit suppléer à l'insuffisance des récoltes. Ils ne sont pas toujours mécontents de la quantité de neige : *grande neige, grand foin;* elle met à l'abri des froids intenses les graines qui sont dans la terre et assure ainsi une bonne récolte.

En avril-mai, le coucou annonce le retour des beaux jours : la neige disparaît peu à peu. La nature semble vouloir regagner le retard que lui a causé l'hiver ; herbe et fleurs ne tardent pas à pousser; la végétation est très rapide; en quelque temps, tout est transformé.

Culture. — Productions

La culture est peu étendue à Hautes-Molunes; elle s'exerce par le petit propriétaire cultivant ses champs ou

par le fermier ou *granger* qui tient du propriétaire habita-
tation et champs, moyennant un fermage payable par *termes*.

On cultive de l'orge, des pommes de terre, de l'avoine et
du lin. Auprès de chaque ferme, il y a un jardinet ou *curtil*
où l'on fait croître les légumes les plus indispensables.

Le champ destiné à recevoir la semence varie chaque
année ; le même pré n'est ensemencé que tous les cinq ou
six ans. On le laboure, autant que possible en automne ;
les sillons, imprégnés des pluies automnales sont saisis
par le froid en hiver ; en se gelant, se dégelant, ils deviennent beaucoup plus meubles. On profite de la neige pour
mener le fumier dans les champs à l'aide de petits traîneaux ; mais il a fallu, avant l'hiver, en indiquer les limites
à l'aide de pieux d'une certaine hauteur que la grande quantité de neige dérobe parfois à la vue. En avril-mai, on sème ;
on étend le fumier sur le sol, on y jette le grain à la volée
et on recouvre les sillons en coupant le tout avec une espèce de *houe* dite *fessou*. Herse et rouleau ne sont pas en
usage.

En juin, le bétail est mis au pâturage. Celui-ci est attenant à la ferme ; chaque fermier a le sien propre, clos généralement par un mur en pierres sèches de 0^m50 à 1 mètre
de haut ou par de jeunes sapins, des *perches* couchées sur
des pieux croisés.

La plupart des pâturages sont les portions du sol qui
n'ont pu être livrées à la culture ; ils sont rocailleux, man-
quent de terre. Nos ancêtres, en défrichant le sol, ont laissé
un peu ces terrains de côté ; on y rencontre de nombreux
murgers formés par les cailloux extraits du sol avoisinant
livré à la culture. Les pâturages sont presque tous ombra-
gés ; il y pousse une bonne herbe ; les troupeaux y paissent
librement de 6 heures du matin à 9 heures du soir, exception faite du moment de la traite le soir à 4 heures. Lorsqu'il fait bon, certains cultivateurs laissent les troupeaux
aux pâturages pendant la nuit ; alors que tout est silen-
cieux, il est très agréable d'entendre au loin leurs nombreuses clochettes ; rien d'étonnant à ce que des poètes
bucoliques aient été inspirés en goûtant ces charmes de la
vie champêtre.

Pour terminer ce paragraphe, je dois dire que certains
fermiers ont une maison pour l'hiver et une pour l'été, appelée *loge* ou *chalet*.

Au mois de juillet se fait la récolte la plus importante,
celle du foin. L'herbe est généralement longue et épaisse.
Lorsqu'elle est sèche, on l'enlève autant que possible avec
des chariots, mais, dans les terrains en pente, on ne peut

avoir recours à ces véhicules, les cultivateurs font des *faix* de 60 à 80 kilog. qu'ils emportent au fenil sur leurs épaules. Autrefois, tout le foin se rentrait par ce procédé long et pénible.

Parmi les prés, il en est beaucoup qui sont envahis par les mousses et ne produisent qu'une herbe courte mêlée d'*euphraise* (yeux de souris) à fleurs blanches. Ce sont les prés secs.

Il faut aux cultivateurs beaucoup de foin pour nourrir leur bétail à l'étable pendant sept ou huit mois de l'année. On calcule ordinairement pour l'hivernage d'une tête de bétail sur une quantité de 2.000 kilog. de foin ou regain. Celui-ci est surtout consommé sur place pendant les mois de septembre et octobre.

Le mois de septembre est celui de la moisson. On moissonne comme on fane, c'est-à-dire qu'on procède par *andains* et non par *javelles* et *gerbes*. La récolte de l'orge est assez bonne lorsque la pluie, le froid, la neige ne la surprennent pas ; j'ai vu de l'orge sur les champs pendant la première quinzaine d'octobre ; c'est, il est vrai, l'exception, car, ordinairement, la moisson est terminée en septembre.

Suit l'arrachage du lin ; cette besogne est vite faite car les linières sont de peu d'étendue, 30 à 40 mètres carrés au plus. Après avoir battu le lin pour avoir la graine, on l'étend sur un pré pour le faire *rouir* ; pendant l'hiver on le *broie*, on le peigne, on le file. Avec le tissu, on fait des draps, des chemises.

Après le lin, ce sont les pommes de terre dont la récolte est de peu de valeur. Elles ne sont ni bien grosses, ni bien bonnes.

Les terrains, même légers, du pays, ne leur conviennent pas ; aussi, la récolte est-elle le plus souvent insuffisante et la plupart des gens en achètent dans les pays voisins (1).

Puis, c'est le tour des légumes : choux, choux-raves, betteraves, raves, carottes, poireaux, etc., qui ont été plantés ou semés dans le *curtil*. Ces légumes atteignent leur complet développement ; mais, comme tout le reste, ils sont cultivés en petite quantité.

(1) Préconisée en France par Gaspard Bauhins, la pomme de terre se propagea vers 1592 dans la Franche-Comté, les Vosges et la Bourgogne. Mais un peu plus tard elle subit, comme tant d'autres choses, l'épreuve de la persécution. « Attendu, porte un arrêt du Parlement de Besançon, que la pomme de terre est une substance pernicieuse et que son usage peut donner la lèpre, défense est faite, sous peine d'une amende arbitraire, de la cultiver dans le territoire de Salins. » Il n'en fut pas ainsi partout, heureusement. On avouera qu'un tel arrêt nous semble aujourd'hui au moins singulier.

Le battage de l'orge se fait au commencement de l'hiver, au fléau ou à la batteuse mécanique à bras. Il n'y a pas bien longtemps encore, il se faisait entièrement au fléau tant par les cultivateurs eux-mêmes que par des ouvriers venant du pays de Gex et désignés sous le nom de *pégans*. Pour un double-décalitre semé on obtient généralement 8 à 10 doubles-décalitres. L'orge moulue est en partie mélangée à la farine de commerce, ce qui donne un assez bon pain; l'autre partie est consommée par le bétail.

L'avoine est consommée en vert.

Population

Caractère. — On a dit et on dit encore :

Il faut le voir pendant sept ans
Pour bien connaître un Boucheran,

non qu'il soit précisément sournois et hypocrite, mais froid, réfléchi. C'est, en effet, ce qui a toujours caractérisé le montagnard jurassien; il a été réputé pour avoir l'imagination vive, l'esprit industrieux; mais il est froid, prudent, d'un jugement dont la lenteur se réflète jusque dans la prononciation. Aujourd'hui, grâce à l'instruction, aux relations plus étendues, il est plus ouvert, plus expansif, à l'aspect moins rude qu'autrefois.

Mœurs. — Les mœurs des habitants de Hautes-Molunes sont encore les anciennes mœurs paisibles des montagnards.

Gagnant peu autrefois, ils sortaient peu, dépensaient peu soit comme nourriture et habillement; de naturel, ils ne recherchaient pas les divertissements. L'industrie a opéré un certain changement, et, actuellement, la montagne suit le courant général et devance même certaines régions : habillement, nourriture, logement, distractions, tout est transformé.

Genre de vie. — On s'éloigne à grands pas de ce temps où la généralité des familles vivait dans une misère relative. Le pain était fait d'orge pure; il était gris, lourd. La viande n'apparaissait sur la table qu'aux jours de fêtes. On ne buvait du vin qu'en ces jours également; les plus aisés en buvaient aussi pendant la fenaison, les autres buvaient de l'eau légèrement sucrée et vinaigrée. Quelques pères de famille ne toléraient même pas cette « gourmandise. » En ce temps de fenaison, on mangeait du *bresi*, viande de veau, et la *tétine* de vache qu'on avait fait boucaner. Le mets commun était la pomme de terre, sans grands apprêts encore, on la faisait suivre de *tome* ou de *séret*.

Le café était loin d'être aussi commun qu'aujourd'hui ; nombre de personnes en buvaient pour la première fois le jour de leurs noces, sans que, pour justifier cela, on ait besoin de remonter au siècle dernier.

Aujourd'hui, on fait du bon pain de farine de blé et d'orge. On mange de la viande assez souvent ; on en sale pour l'hiver et sont rares les maisons sans vin surtout pendant la bonne saison. Sont rares aussi les maisons où l'on ne fait pas le café le matin; la consommation en est considérable.

En allant l'acheter à Chézery ou Lélex (Ain), on le paie moins cher ainsi que les autres denrées coloniales. C'est un privilège dont jouit le pays compris entre la Valserine et la Suisse, le pays de Gex.

Séparé de la France par les plus hautes cimes du Jura, le pays de Gex avait appartenu à la même patrie que Genève, avant l'annexion de cette ville et d'autres communes riveraines du Léman à la Confédération suisse. Il forma pendant un certain temps une souveraineté particulière et voulut toujours continuer avec Genève ses relations amicales et commerciales. Les Gessiens luttèrent longtemps pour leurs franchises, leur libre commerce avec cette ville qui fut même République indépendante. Sous Louis XV, fiers et heureux de ces mêmes franchises, ils obtinrent par l'entremise de Voltaire, en payant, il est vrai, une indemnité assez forte au gouvernement royal, que les douanes d'alors fussent déplacées et qu'ils pussent librement trafiquer avec leurs voisins et amis les Genevois.

Cette liberté, acquise depuis 1292, sous dame Lionnette, souveraine du pays de Gex, maintenue lors de l'annexion de toute la contrée gessienne à la couronne de Savoie, en 1359, à la France, en 1601, fut, en 1815, l'objet d'un traité qui disait entre autres choses : *La ligne des douanes françaises sera placée à l'ouest du Jura, de manière que tout le pays de Gex se trouve hors de cette ligne.*

Et voilà pourquoi, en revenant de Lélex ou de Chézery, on risque d'être allégé de son emplette de denrées coloniales, si elle est un peu considérable. Les douaniers ne tolèrent que l'introduction hors de la zone franche, de petites quantités de café, sucre, etc.

L'usage du tabac, qui constituait anciennement une espèce de privilège, est aujourd'hui très répandu. Cela m'amène à dire qu'au temps où le pays était sans industrie, beaucoup d'hommes, de jeunes gens se livraient à la contrebande. Ils commençaient par aller chercher du sucre (15, 20, 30 kilog.) à Lélex, Chézery; enhardis, ils allaient en Suisse et rapportaient des châles, des dentelles, des montres, des bijoux, du tabac.

En quelques jours que durait le voyage, les contrebandiers qui n'avaient pas fait la rencontre des douaniers réalisaient un assez joli bénéfice, mais au prix de quelles peines? de quels dangers? longer les précipices, descendre les ravins, traverser les rivières... De cet argent, si péniblement gagné, il en restait une bonne partie dans les lieux de séjour. Somme toute, pas de profit. La lapidairerie retient actuellement les jeunes gens au foyer.

Habillement.— Le développement de l'industrie a augmenté le bien-être des familles; la façon de s'habiller en a subi les heureux effets. Les jeunes gens surtout suivent un peu la mode, aiment à être bien habillés le dimanche, les jours de sortie; ils laissent loin derrière eux les vêtements de leurs prédécesseurs, vêtements presque exclusivement de toile et grossièrement façonnés, je veux parler de ceux d'il y a un siècle environ. La *badze* était alors en honneur; c'était une étoffe faite avec du fil de lin et de la laine; on en faisait des vêtements, des couvertures. Les hommes portaient des chemises en toile de lin, grossière, un pantalon, un gilet, une veste à queue d'hirondelle avec poches sur les côtés; ces vêtements étaient en *badze* ou seulement en toile de lin teinte en différentes couleurs; ce n'est que plus tard qu'on porta la *roulière* en toile bleue.

Les femmes avaient des jupes à raies rouges et bleues faites en fil ou en *badze*; sur les jupes, des *cavalières*, corsages sans manches fermant devant à l'aide de ficelles et d'œillets. Sur ces *cavalières* il y avait une espèce de plastron analogue à ceux de certains tabliers actuels; à droite et à gauche, ce plastron était retenu par deux épingles reliées quelquefois, chez les gens riches, par une chainette en argent et même en or. On porta plus tard un *mouchoir* ou fichu en coton, laine, soie, mousseline, jeté sur les épaules triangulairement et croisé sur la poitrine. Lorsque la soie fut un peu répandue, on commença à porter des tabliers de soie les jours de fête seulement.

Les bas étaient peu en usage; les femmes ne savaient pas les tricoter; les peigneurs de chanvre en rapportaient quelques paires de Lorraine. Les premiers souliers furent ceux « à gorge ronde » sans cordons, couvrant le pied seulement; les enfants allaient le plus souvent pieds nus; on se prêtait les souliers aux jours de première communion.

Comme coiffure les hommes portèrent longtemps le bonnet de coton blanc ou à raies rouges, bleues et grises, qui fut remplacé ensuite par le chapeau de feutre à larges bords dont on voit encore quelques beaux échantillons. Les bonnets ordinaires des femmes étaient en toile de coton à petits carreaux bleus, avec ou sans oreilles ; elles portaient aussi de larges chapeaux de paille. Pour le dimanche, les bonnets étaient en mousseline plissée.

Le jour de la noce, l'époux s'habillait de drap noir, veste à queue d'hirondelle et chapeau haut de forme à bords plats. La robe de la mariée était ordinairement en laine bleu foncé.

En signe de deuil, certaines femmes portaient la *badine* analogue aux cornettes des sœurs ; d'autres s'enveloppaient la tête dans une étoffe de mousseline blanche pliée en pointe : c'était le *bouchon*. L'usage n'en a disparu que depuis une vingtaine d'années ; on vit ensuite le bonnet noir ; puis le crêpe et les dentelles en soie et enfin le jais, les fleurs noires.

Ce n'est qu'au commencement du siècle qu'on commença à utiliser les parapluies ; ils constituèrent une curiosité tout d'abord. Les premiers en usage étaient en étoffe rouge. Auparavant, quand il faisait mauvais temps les gens ne sortaient pas ; s'ils y étaient contraints, les hommes revêtaient leurs vestes et leurs larges chapeaux ; les femmes s'affublaient d'une espèce de drap en toile grossière.

Habitations et ameublement. — Les habitations de la montagne sont loin de ressembler aux maisons écrasées de la plaine ; ce sont généralement des bâtiments en pierre assez élégants, vastes et solides. La toiture est en *tavaillons* ou *bardeaux* pour la plupart.

Chaque propriétaire donne à sa maison le plus de développement possible, parce qu'il a besoin de beaucoup de place pour recéler toutes les provisions nécessaires surtout à l'hivernage du bétail et aux besoins de la famille ; l'hiver est si long ! L'intérieur est partagé en plusieurs sections par des murs de refend ou des cloisons de sapin. Au rez-de-chaussée, il y a la cuisine, le poêle, la cave, l'écurie. Au-dessus, il y a le fenil et une ou deux chambres. On entre directement au fenil par une porte spéciale arquée. Presque partout les portes et les fenêtres sont enjolivées par une peinture verte qui faisait déjà les délices de Jean-Jacques Rousseau.

A quelque distance de la maison se trouve un four et un puits ; celui-ci est alimenté parfois par une source, mais le plus souvent par l'eau qui lui arrive de la toiture par des *chéneaux*.

On rencontre encore à Hautes-Molunes dans le voisinage de quelques habitations, cinq ou six *greniers-forts* dont la construction remonte, parait-il, à l'époque où le pays était sous la domination espagnole. Les maisons, construites en bois, n'offraient pas aux habitants un abri sûr contre l'ennemi ; ils songèrent alors à établir, à proximité, des constructions résistantes pouvant recéler ce qu'on voulait soustraire à la *picorée*. Ces greniers-forts ont approximativement 5 mètres de long, 2^m50 de large et 2 à 3 mètres de haut à partir du niveau du sol. Les murs épais n'offrent qu'une seule ouverture fermée par trois portes ayant chacune environ 15 centimètres d'épaisseur. L'intérieur est encore creusé à une certaine profondeur.

Il existe aussi sur le territoire de la commune quelques types d'habitations construites à l'époque où le pays était soumis à la *mainmorte*. A part la maçonnerie extérieure, tout l'intérieur est en bois ; au début, on n'y voyait pas une pièce de fer, les gonds des portes eux-mêmes étaient en bois. On y remarque un foyer dans le centre de la pièce servant de cuisine ; une cheminée de bois en forme de bonnet carré, et la seule de toute la demeure occupe toute cette pièce ; au-dessus est disposée une planche large mobile, qu'on déplaçait à l'aide d'une corde pour s'opposer au vent ou à la pluie. A part une ou deux chambres, le reste de ces maisons est occupé par l'écurie et le fenil. C'était dans la cuisine qu'on se rassemblait en hiver pour faire la veillée. Comme on ne gagnait guère, on économisait sur le chauffage et l'éclairage ; on allait veiller tantôt chez un voisin tantôt chez un autre. Les bûches qu'on mettait au foyer brûlaient lentement ; on ravivait le feu à l'aide du *bernard*, le plus souvent un vieux canon de fusil dans lequel on soufflait.

Les gens âgés, aimant et recherchant la chaleur, devaient s'approcher très près du feu, car un air frais circulait sans cesse dans cette chambre aux issues mal fermées ; ils mettaient alors devant leurs jambes des morceaux d'écorce de sapin pour *que ça ne les grille pas*. Lorsque le froid était trop vif, on allait veiller à l'écurie, où, du reste, couchait une grande partie de la maisonnée.

Pour s'éclairer, on faisait encore usage au commencement du siècle de lanières de *fayard* fixées ou sur un pied ou contre un mur ; on brûlait aussi de la résine dans des espèces de chaudrons appelés *bronzins*. La combustion de cette poix remplissait la chambre d'une fumée épaisse, âcre. On remplaça peu à peu ces modes d'éclairage par les

croêsus ou *crojeux*, petites lampes en cuivre, genre antique, dans lesquelles on brûlait de l'huile.

Les habitations actuelles sont donc plus confortables.

L'ameublement ne répond pas toujours à l'élégance extérieure de la maison; grâce à l'industrie nouvelle, il devient
de plus en plus composé et luxueux. Les armoires remplacent les anciennes *arches* de hêtre ou de sapin; les chaises
de bois, de paille, remplacent les anciens *escabeques* à trois
pied et l'*arche-banc*; la vraie table existe, on semble mépri-
ser l'ancienne porte de buffet à bascule qui s'arrêtait sur
une *jambe* ou support en tombant; les lampes à pétrole ont
fait mettre à la ferraille les vieux *croêsus*. Les lits étaient
autrefois de paille ou de *ballot* (*balles*, enveloppes du grain
des céréales) avec couvertures d'étoupes ou de *badze*; aujourd'hui, nombreux sont les sommiers, matelas et couvertures de laine. En place des vieilles horloges, on a des
montres, des pendules, des horloges nouvelles. La vieille
vaisselle de bois : *écuelles*, *cuillers*, *poches*, a complètement
disparu ainsi que les pots, les cruches, les gobelets de bois
ou d'étain qui tenaient place de bouteilles, de carafes, de
verres. On eut de la vaisselle en terre cuite, ornée de fleurs,
d'animaux, etc.; il en reste encore, de ci, de là, qui excitent la convoitise des collectionneurs. On trouve encore
de belles mais rares assiettes rapportées de Lorraine par
d'anciens peigneurs de chanvre.

Il fut un temps où les gens qui allaient à l'auberge ou à
la noce devaient porter leur couteau et leur fourchette;
l'usage de celle-ci dans nos pays ne remonte guère qu'à
la fin du siècle dernier; on s'est servi d'un couteau-four-
chette comprenant, à part le manche, une lame et une
petite bicorne en fer.

Usages locaux. — Les coutumes locales ne se remar-
quent guère qu'à l'occasion des baptêmes, mariages, enterrements.

Baptêmes. — Cette cérémonie est simple; la sage-
femme, suivie du parrain et de la marraine seuls, se rendent à l'église. Pas de coups de fusil sur leur passage. Pas
de babillards. A la sortie de l'église, on lance quelques dra-
gées aux enfants que le baptême a attirés. Il est suivi d'un
festin à la maison ou à l'auberge.

Mariages. — Rien de particulier ne signale les fian-
çailles. Le jour du mariage, le cortège se rend à la mairie,
puis à l'église.

Il y a peu de temps encore, certains invités tiraient des
coups de pistolet de temps à autre, cette coutume dange-
reuse a disparu.

Lorsque les époux et leur suite rentrent de l'église, on les reçoit sur le seuil de la maison ou de l'auberge où se fait la noce; on leur présente à chacun un petit morceau de gâteau et un demi-verre de vin; cette coutume se perd. Les danses commencent quelquefois avant le dîner, mais s'exécutent surtout après. A chaque noce, il y a un violoniste ou un accordéoniste qui précède le cortège en jouant de son instrument et qui fait danser. Violon ou accordéon est généralement orné d'un foulard offert par les mariés.

Lorsqu'un veuf se remarie, quelques jeunes gens pratiquent encore le chavirari, bien que la police ne le tolère pas.

De quel droit, en effet, vient-on reprocher à des gens de rééditer une situation brisée par le destin? Pourquoi ces manifestations aussi bruyantes qu'inconvenantes, ces moqueries aussi publiques? Les gens qui y sont en butte les trouvent parfois très pénibles à supporter; il y a de la lâcheté dans le fait de se mettre en nombre pour les accabler ainsi. C'est la coutume, dira-t-on; la chose est un peu admissible, car la plupart des jeunes gens qui font le charivari, le considèrent comme une distraction et agissent plus par étourderie que par méchanceté, cruauté. Il faut replonger dans le passé, rejeter dans l'oubli ces vieilles coutumes instituées par une méchanceté narquoise.

Quand la mariée quitte la commune, il est d'usage de lui faire une *table*. Quatre jeunes gens de ses voisins vont préalablement lui soumettre leur proposition qui est toujours acceptée et suivie d'un premier versement de fonds variant selon la fortune. L'époux participe à cette rémunération ainsi que les parents des jeunes mariés.

Le jour de la noce, les jeunes gens munis de fusils, précèdent le cortège et font une fusillade de temps à autre. Ils participent au festin et reçoivent souvent encore une seconde somme d'argent offerte par quelques invités.

Autrefois, on faisait mieux encore. Un certain nombre de jeunes gens mettaient sur la route, un moment avant le passage de la noce, une table où se trouvaient vin et liqueurs. Quatre d'entre eux, armés de fusils se portaient aux coins de la table; un cinquième complimentait l'épousée et l'assurait des regrets qu'elle causait en quittant la localité, etc. Le compliment terminé, on offrait aux époux vin ou liqueurs; ceux-ci et leurs parents remettaient à nos jeunes gens une certaine somme d'argent, après quoi le cortège continuait sa route.

Une danse toujours en usage est le *branle*. On forme une chaîne non fermée; on tourne, on saute en frappant en cadence juste et ferme du pied sur le sol.

Enterrements. — Les funérailles se font comme partout ailleurs; mais, chose curieuse, il n'y a guère, dans le cortége que les invités, c'est-à-dire les parents, les amis qu'on a dû avertir à cause de l'éloignement. Bien des gens encore attendent une invitation pour accompagner à sa dernière demeure une personne amie, sympathique; si, par oubli ou pour tout autre motif, l'invitation n'a pas été faite, ces gens en sont froissés.

La croix est simple pour hommes et femmes, ornée de blanc pour les filles, de rose pour les garçons, de bleu pour les enfants. Au moment où le corps est descendu dans la fosse, les assistants jettent sur lui l'eau bénite et un morceau de terre.

Tout enterrement est suivi d'un repas à l'auberge, usage dû à l'écartement des maisons sur le territoire. Ce repas se termine par une collecte destinée à des messes pour le repos de l'âme du défunt.

Divertissements. — Sans être bien nombreux, ils le sont cependant plus qu'autrefois. La distraction ancienne la plus importante était la *veillée* en hiver; il y avait jusqu'à 20, 30 personnes réunies le dimanche soir à causer, jouer au *loto* et un peu plus tard, aux cartes. La réunion était égayée par les bons mots, les anecdotes dont était enrichie la mémoire de certaines personnes qui excellaient à les raconter. Il se fait toujours des *veillées* tantôt dans une maison, tantôt dans une autre; mais elles sont moins nombreuses et n'ont plus le même caractère.

Le jeu de quilles a été et est toujours en honneur.

Il s'use beaucoup de cartes; les anciens ne connaissaient guère que la *quadrette*, la *sixette*, la *bête hombrée* ou *passe*; aujourd'hui, les principaux jeux sont connus, ils ne se jouent guère que le dimanche et pendant quelques soirées d'hiver.

Bien des jeunes gens savent jouer de l'accordéon; le dimanche soir on danse de côté et d'autre.

Et il y a la récréation du cabaret, puisque

> Au cabaret, l'on boit, l'on rit, l'on chante.

Autrefois, certains hommes, qu'on pouvait appeler des *piliers de cabaret*, y passaient plusieurs jours par semaine, mais à jouer surtout; quelques-uns se sont offert la semaine. On m'a dit que la femme de l'un d'eux lui avait bel et bien apporté une chemise propre le dimanche suivant. A cette époque, les denrées n'étaient pas chères : un plat de viande coûtait six sous, un litre de vin quatre sous... très bien! mais les cabarets, au lieu d'être d'*utilité publi-*

que; étaient comme ils le sont encore généralement, des lieux de distraction où quelques individus dépensaient de l'argent péniblement amassé et dont leurs familles se trouvait totalement privées. L'affluence était grande le dimanche dans les auberges.

POLICE DES CABARETS

(Délibération du Conseil municipal des Bouchoux, 12 mars 1808).

« Les jeunes gens de l'un et l'autre sexe qui ne sont point mariés, ainsi que les femmes ne pourront rester dans les cabarets passé les 4 heures du soir; les chefs de famille et autres personnes ne pourront également rester dans les auberges, passé 8 heures du soir. En cas de contravention, l'amende sera de trois francs payée moitié par le cabaretier, moitié par le contrevenant; en cas d'insolvabilité de ce dernier, l'amende sera supportée en total par le cabaretier. L'amende sera la même pour ceux qui seront surpris dans les auberges pendant les offices des dimanches et fêtes. Le Conseil demande à ce que le gouvernement ne laissât pas trop multiplier les cabarets et ne laisser exister que ceux reconnus propres à l'utilité publique. »

La première auberge de Hautes-Molunes fut celle de Mermet-Mochon Victor.

Aujourd'hui, il y en a trois. L'affluence du dimanche y est bien moins considérable qu'autrefois. On vit mieux dans la famille, on s'habille mieux et on dépense moins au cabaret. Néanmoins, chaque dimanche, il s'y rencontre un certain nombre d'hommes, jeunes et vieux; on fait une partie de cartes ou de quilles, on soupe, à 11 heures on se retire. Quelquefois, on y va de sa chanson; les jeunes répètent les romances nouvelles; les vieux s'en tiennent aux anciens refrains *pleins de sens, veufs de rimes*, « à ces vieilles romances, disait Châteaubriand, chefs-d'œuvre de simplicité et de mélancolie. »

A l'occasion du tirage au sort, les conscrits se réunissent le premier dimanche de janvier, puis le dimanche qui précède le tirage au sort. Le dimanche qui suit, il y a *conscrits* et *grognets*. Je dois dire encore à ce sujet, qu'autrefois, bien des mères cousaient des pièces de monnaie dans un coin quelconque du paletot des conscrits pensant qu'ils auraient un meilleur numéro.

La fête patronale, 15 août, est peu bruyante; il n'y a que le jeu de quilles, la danse comme divertissements. On dansait dans les granges; depuis quelques années, il y a un bal public et il est permis d'espérer qu'à cette occasion, les réjouissances augmenteront.

Le 14 juillet se fête avec assez d'entrain, mais par un nombre restreint d'individus.

Langage

Le français est parlé assez couramment; mais on emploie de préférence un patois assez difficile à comprendre.

Le *j* se prononce *dé* ou *dzé*; on dit : *dé bin frè* pour *j'ai bien froid*. Le *ch* se prononce *tse*; on dit : *on tsu* pour *un chou*. Dans le milieu d'un mot, *ou* se prononce souvent *o*; *moille* pour *mouille*; quelquefois *u*, *cuté* pour *couteau*; *eu* se prononce *oua*; on dit : *foua* pour *feu*; *o*, se change en *ou*; *couta* pour *côté*; *moi, toi, lui* se disent *mè, tè, lie*.

> È n'est pas mè, é z'est lie.
> *Ce n'est pas moi, c'est lui.*

Le bœuf, se dit le *bü*; le cheval, le *tserau*, etc.

On emploie souvent *bouèbe* pour *petit garçon*; *bouéba* pour *petite fille*; *accuillir*, pour *jeter, pousser*; *dérocher* pour *renverser*; *j'ai faute* pour *j'ai besoin*; *chapuser* pour *couper, réduire avec un couteau*; *pou* pour *planche*; *grand* pour *beaucoup*; *brave* pour *joli*, etc.

> Va mè quéri on grè d'édié à la fon tan na.
> *Va me chercher un seau d'eau à la fontaine.*

> Fara teu bon voué; vu-t-on alla séié?
> *Fera-t-il bon aujourd'hui; veut-on aller faucher?*

Le « bèlau »

Les anciens peigneurs de chanvre ont rapporté un certain langage créé et parlé par eux; le *bèlau*. Il est impossible de le comprendre, si on ne l'a pas entendu parler, si on ne le connait pas en partie.

Homme, *güci*; femme, *millié*; garçon, *gandin*; fille, *bouàtse*; gamins, *maraille*; maire, *quilan*; curé, *queunière*; instituteur, *empeille-cabi*; facteur, *vouéca-foillan* (portefeuille); gendarme, *rambô*; vache, *la braille*; bœuf, *le braille*; chèvre, *bezula*; mouton, *bertolinna*; poule, *picanterre*; coq, *picantin*; maison, *coué*; village, *matoué*; chemin, *biên*; fourneau, *bertolin*; marmite, *tin-nôta*; table,

teilluda; lit, piô; chaise, sezan; porte, cêran; ferme la
porte, sinèche la cêran; fenêtre, bezetta; vin, tsinmâ; eau,
doira; eau-de-vie, tsinmâ forchan; manger, gorcer; pain,
arti; viande, crêïa; soupe, gôffa; pipe, fumarda; tabac,
bourâtse; paquet, belô; couteau, diarel; fourchette, piquet-
ta; assiette, tavéla; tête, cabéssa; bouche, sadan; dents,
croquants; oui, bin fort; non, niver; aller, siver; porter,
rouéquer; regarder, bigner; parler, sader; aller chercher,
ramèr, etc.

　　　Le vouéca-foillan sivé pê lo bien contre lo matoué.
　　　Le facteur va par le chemin contre le village.

Industrie

I.— Industrie laitière.— Depuis longtemps, la fabrication des fromages est connue et pratiquée dans la région;
mais, avant le XIXᵉ siècle, on ne faisait guère que des *tomes*,
des *cherrets.* C'est du commencement de ce siècle que date-
rait la fabrication des fromages dits de « *Septmoncel.* »
　Cette fabrication prit tout de suite une certaine impor-
tance, car l'affranchissement qui permit à chacun de posséder en propre, fut cause de l'augmentation du nombre
des vaches.
　Les vaches appartiennent presque toutes aux races
Schwitz et *fribourgeoise;* quelques-unes à la race *comtoise*
ou *fémeline.*
　On a donné sur ces races les renseignements suivants :

RACES	LAIT PAR AN	POIDS VIF MOYEN	LAIT pour un kilog. de beurre
Schwitz.	2.500 litres	450 kilogr.	28 litres
Fribourgeoise. .	2 900　»	625　»	29　»
Fémeline.. . . .	1.900　»	450　»	28　»

　Les fromages ne se font pas en *fruitières* ou *fromageries*
car les fermes sont trop disséminées ce qui serait désavan-
tageux en hiver. Chaque cultivateur, à lui seul, ou avec le
concours d'un ou plusieurs voisins se livre à la fabrication
des fromages; ce sont les femmes qui en ont le soin. Lors-

que plusieurs cultivateurs « assemblent » leur lait, ils
fabriquent à tour de rôle; c'est une sorte de prêt mutuel
(1).

Il y a actuellement 124 fermes où se fabriquent annuellement environ 64.000 kilog. de fromages. Chaque fromage
pèse en moyenne 6 à 7 kilog. et exige 50 litres de bon lait.

Pour le faire, on verse le lait dans une seille, et, lorsqu'il
est à une certaine température constatée avec la main, on
y verse de la *présure*, et on laisse *cailler*. Après avoir en-
levé la *crème* ou *caillat*, on remue le produit qui reste et
peu à peu le *caséum* ou *fromage* se sépare du *petit lait* et
se dépose au fond de la seille. Le *caséum* est mis dans un
moule en bois *facelle* et pressé, le petit lait s'écoule par des
trous ménagés dans le moule et tombe dans un égouttoir
appelé *coinche*.

Quand le fromage est assez égoutté, qu'il a pris une certaine consistance, on le met dans un *rondot* en bois de
sapin appelé *saloir* où il est salé et retourné chaque jour
en salant chaque fois pendant huit jours. Au bout de quinze
jours, on le met sur le *séchoir*; il y est encore tourné et
retourné. Lorsqu'il prend une teinte bleue à l'intérieur, on
le porte à la cave. Celle-ci, toujours située du côté du nord,
est fraîche, à la température peu variable de 8 à 10 degrés.
Lorsque cette température est trop élevée ou variable, les
fromages se putréfient.

Ainsi, le fromage, salé, abandonné à l'air libre, puis
placé dans un lieu à température fraîche se modifie insen-
siblement; il subit une espèce de fermentation et, petit à
petit, se trouve envahi par une espèce de moisissure, un
champignon, le *pennicilium glaucum*.

Le *pennicilium glaucum*, moisissure des fromages per-
sillés est la même que celle du pain. On peut rendre bleu
le fromage en mélangeant à la pâte quelques prises de pain
moisi, desséché et moulu.

Lorsque la croûte du fromage se couvre de taches jaune
orange, c'est qu'il est trop vieux, trop *affiné*, passé; un bon
fromage (il l'est au bout de deux mois à deux mois et demi)
conserve une croûte d'un blanc grisâtre.

Lorsque les fromages sont faits, ils sont livrés aux divers
marchands qui vont les vendre aux marchés de Lyon. Le
prix varie selon la qualité, il peut atteindre et même dépas-
ser 90 fr. les 50 kilog. en fromagerie.

En 1859, il y avait 450 vaches avec le lait desquelles on a
fabriqué 25.000 kil. de fromages vendus 52 fr. les 50 kilog.

(1) La première fromagerie de ce genre créée en France, le fut à Déser-
villers (Doubs), en 1288.

Outre le nombre infini des microbes qui vivent dans le fromage, cette denrée est recherchée par des insectes parasites. Le plus connu est la petite mouche noire (*Piophila caséi*). Elle pond ses œufs sur les fromages en train de se faire; ils y éclosent et deviennent ces larves blanches improprement appelées *vers*. Après avoir vécu du fromage, ces larves se transforment en *nymphes* ou *chrysalides* d'un roux mordoré pour devenir ensuite des mouches parfaites. Il y a aussi les *cirons* ou *mites*; ce sont des acariens détriticoles (*tyroglyphes*); on ne les distingue à l'œil nu que comme une poudre grisâtre, ils communiquent au fromage une saveur désagréable.

On combat ces parasites par des lavages à l'eau chaude, à l'eau salée, par le bon entretien des caves.

Avec le petit lait, on fait un second fromage, le *séret*. Pour cela, on le fait bouillir, on y ajoute un acide, soit des égouttures du fromage qui contiennent de l'acide lactique, soit du vinaigre. Il se précipite alors une nouvelle quantité de *caséine*. Elle ne s'est pas précipitée avec le fromage, parce que la *caséine* existe dans le lait à divers états de suspension; une partie se précipite sous l'action seule d'un acide (*la présure*, par exemple); l'autre partie se précipite sous l'action et d'un acide et de la chaleur, ce qui est pour le *séret*.

En même temps que le fromage, se fabrique une certaine quantité de beurre; on en utilise une partie dans le ménage; le surplus est vendu, ainsi que les œufs, à des *coquetiers* qui vont revendre chaque samedi au marché de St-Claude. Le prix moyen du beurre est de 1 fr. 20 le demi-kilog.; celui des œufs 0 fr. 60 la douzaine.

Il n'est peut-être pas inutile de dire que les ménagères nettoient leurs ustensiles de fromagerie avec du calcaire oolitique (*theu*), qu'elles pulvérisent.

II. — Industrie du lapidaire. — La culture des terres

étant presque comptée pour rien, l'industrie devait suppléer à la nature en défaut. L'industrie laitière a été longtemps la seule à procurer la vie, un bien-être relatif aux habitants. Peu à peu, on se mit à fabriquer des *tavaillons* ou *bardeaux*, des manches de pinceaux, des tabatières; ceux qui avaient le goût de la contrebande se faisaient contrebandiers. Une trentaine émigrait chaque année pendant trois ou quatre mois pour aller peigner le chanvre en Franche-Comté et en Lorraine; chacun rapportait un gain d'une centaine de francs.

Aujourd'hui, il n'y a plus d'émigrations; sont rares les maisons où il n'y ait pas un ou plusieurs établis pour la taille des pierreries. Il n'y eut d'abord qu'une dizaine de lapidaires à Hautes-Molunes, car les premiers centres ont été Mijoux, Septmoncel, les Moussières.

Depuis une dizaine d'années, cette industrie s'est très répandue, le nombre des ouvriers est considérable. Cette recrudescence de fabrication a fait diminuer les salaires de moitié. Un lapidaire habile gagnait, autrefois, de 6 à 8 fr. en taillant le strass, et de 15 à 20 fr. en taillant le rubis et le saphir; il gagne aujourd'hui la moitié.

Les prix ont baissé et il n'y a pas toujours de la besogne, cela tient à l'écoulement difficile, à l'installation d'usines pour la taille mécanique des pierreries, à la concurrence de l'Allemagne, et cependant, nos vainqueurs de 1870 sont loin de pouvoir rivaliser avec nous sous le rapport artistique, pour le poli et le fini des pierres.

La lapidairerie se répand partout; on a dernièrement porté cette industrie en Italie, en Amérique, etc.

Aussi, les négociants de la région font-ils des efforts persévérants pour lutter, par des créations nouvelles, contre la concurrence étrangère et pour conserver l'industrie au pays. Par la fusion, on a allié le strass blanc à du strass coloré pour obtenir des pierres tricolores, multicolores, deuil (*proserpine*). On varie également la taille, la forme.

Depuis quelques années, existent des bâtons mécaniques qui diminuent la durée de l'apprentissage en ce qu'ils permettent, par leur construction, d'obtenir en peu de temps une taille régulière. On commence par les *chatons* à 8 facettes pour arriver aux *brillants* à 32 facettes.

Un bon lapidaire fait plus et mieux à la main qu'à l'aide du bâton mécanique.

Il y a à Hautes-Molunes un marchand lapidaire, M. Gros Cyrille. Les ouvriers travaillent aussi pour les marchands des Moussières, de Septmoncel.

Quelques dictons. — Coutumes

A la Tsandèleura,
Lo dzor augmentont d'on repas d'épeusa.

A la Chandeleur,
Les jours augmentent d'un repas d'épouse.

(Les repas étaient certainement moins longs qu'aujourd'hui).

A la Chandeleur le soleil,
L'ours pour 40 jours dans sa caverne.

Quand on fà la buïa po les Rogations,
On chasse lo patron de la mason.

Quand on fait la lessive pour les Rogations,
On chasse le patron de la maison.

Quand on fà û for po les Rogations,
Le pan mesè lota la saison.

Quand on fait au four pour les Rogations,
Le pain moisit toute la saison.

A l'Ascension du pourri ou du rôti.
(Du pourri s'il pleut, du rôti s'il fait chaud).

Tal Avent,	Noïè û sèleù,
Tal tsòtemps.	Pàques û sèyeu.
Tel Avent,	*Noël au soleil,*
Tel Printemps.	*Pàques au foyer.*
Bise d'Avent,	A Noïè lo meutsillons,
Roudzè lo fan.	A Pàques lo gliaçons.
Bise d'Avent,	*A Noël les moucherons,*
Ronge les foins.	*A Pâques les glaçons.*

On vèrait peteu na fèna sans artieu,
Qu'on descende sans sèleu.

On verrait plutôt une femme sans orteil,
Qu'un samedi sans soleil.

A propos de Noël. — Le matin de Noël, à l'aube du jour, certaines gens des plus superstitieux amenaient boire leur bétail à la fontaine pour avoir la *crème* de l'eau ; cela devait porter bonheur.

— Une coutume qui disparaît à Hautes-Molunes était celle, pour les chefs de famille, de réunir à table leurs enfants et gendres le lendemain de Noël.

— Dans certaines familles on faisait quantité de gâteaux la veille de Noël ; il devait y en avoir encore le 1er janvier et même parfois le jour des Rois.

La forêt de Hautes-Molunes

La forêt de Hautes-Molunes provient du partage des propriétés indivises entre cette commune et celle des Bouchoux. L'acte de partage approuvé par décret du 1er mai 1851, attribue à la commune de Hautes-Molunes les contenances boisées ci-après :

Au Cernétroux : 82h75a (83h64a après vérification).
Aux Ecolais :   32h43a
                ‾‾‾‾‾‾‾‾
                115h18a (116h07a après vérification).

Le canton du Cernétroux est sur le territoire de Hautes-Molunes, celui des Ecolais est sur le territoire des Bouchoux.

La forêt est limitée de tous les côtés par des bornes, des murs, des bouts de mur en pierres sèches.

Essences. — Les essences dominantes sont l'épicéa (*pesse*) et le sapin auxquels est mêlé le hêtre sur beaucoup de points. En général, les bois de la forêt ont une croissance lente jusqu'à l'âge de 20 ans. A partir de cette époque, ils se développent beaucoup plus rapidement; l'accroissement annuel se fait lentement, mais régulièrement; les couches concentriques ont peu d'épaisseur. Les plus gros arbres atteignent rarement deux mètres de circonférence; la grosseur moyenne est environ 1m50 à 1m60.

Ces bois sont généralement très recherchés; on les préfère à ceux des régions inférieures, Choux, Viry, par exemple; ils ont le grain fin et serré et présentent peu de défauts.

La forêt est surveillée par un brigadier-forestier en résidence à Désertin.

Chaque année, il y a une coupe affouagère; chaque affouage vaut de 15 à 20 fr.

Les coupes ordinaires affouagères sont délivrées aux habitants; les coupes extraordinaires sont vendues à St-Claude au profit de la caisse communale.

La coupe ordinaire comprend environ 450 mètres cubes et la coupe extraordinaire 150 mètres cubes. Le prix moyen du mètre cube pour la commune est de 11 à 15 fr.

La coupe se distribue par feu.

Avant 1795, le partage se faisait par maisons et quelquefois un partie au marc le franc des impôts. De 1795 à 1809, il fut fait par feu et par personne. De 1809 à 1830, la répartition se fit par personne et par bâtiment sans avoir égard à leur toisé. En 1830, elle se fit par feu et par toisé des bâtiments. A ces diverses dates le branchage suivait le corps de l'arbre. En 1832, il y avait 180 feux; on répartit la coupe un tiers par feu et deux tiers par toisé de bâtiment; ce mode de partage subsista longtemps. Le 6 novembre 1870, on délivra la coupe par feu, comme aujourd'hui.

Le branchage et l'écorce sont vendus par le bûcheron aux particuliers qui en désirent; on en fait des tas (tesses) en forêt; ils y passent l'hiver; on les emmène à la maison l'année suivante.

Les bois sont généralement vendus à l'ancien cubage au 1/9 déduit.

Le pied cube vaut de 0 fr. 75 à 1 fr. 20; le prix du mètre cube ainsi calculé reviendrait à 50 fr. environ aux principaux lieux de consommation : Viry, Molinges, St-Claude, Echallon, Bellegarde, etc.

Les sapins sont transformés en planches, poutres, ou expédiés pour bois de navigation; les sapins sont généralement transformés en *tavaillons* ou *bardeaux, cuves, seaux,* etc.

Un mètre cube de bois de bonne fente peut donner cinq paquets de bardeaux valant de 7 à 8 fr. l'un sur place. Chaque paquet renferme environ 350 bardeaux de 0m42 de longueur. La façon d'un paquet est estimée environ 2 fr.

Commerçants de la localité

Il y a 3 aubergistes, 2 boulangers, 1 boucher, 2 meuniers-scieurs, 6 cordonniers, 5 menuisiers-charpentiers, 2 plâtriers, 2 quincaillers, 2 maréchaux, 1 marchand de poterie, 2 boutiquiers, 2 marchands drapiers, 2 épiciers, 5 marchands de fromages en gros, joignant à leur commerce celui des vins et farines.

Foires

Il y a à Hautes-Molunes deux foires annuelles; le 3 juin et le 3 septembre. Sans être bien importantes, elles donnent lieu néanmoins à un certain nombre de transactions.

Fonctionnaires

Outre les instituteurs et institutrices, le curé dont j'ai

déjà parlé, il y a à Hautes-Molunes, une brigade de douane sous les ordres d'un sous-lieutenant.

Pour le service de la poste, il y a deux facteurs; l'un résidant aux Bouchoux, qui dessert la moitié de la commune et apporte à l'autre, résidant à la Pesse, les dépêches que celui-ci distribue dans l'autre moitié.

Le Crêt de Chalam

Chaque année pendant la belle saison, passent et s'arrêtent même à Hautes-Molunes des voyageurs qui font l'ascension du *Crêt de Chalam*, point culminant appartenant à la forêt du Risoux; il est situé sur la commune de Forens (Ain), à peu de distance de la limite du territoire de Hautes-Molunes. Il a 1.548 mètres d'altitude, est complètement dénudé. Chaque année, il attire un certain nombre de personnes qui vont jouir du magnifique panorama qui se déroule devant leurs yeux, surtout lorsque le temps est pur.

Du côté de l'ouest et du sud, l'horizon est, pour ainsi dire, illimité. Du côté de l'est, on voit d'abord la première chaîne du Jura, puis les Alpes, le Mont Blanc. Sur la première chaîne du Jura, outre les sommets culminants (le *Reculet*, avec sa croix métallique, le *Colomby*), on remarque les chalets construits pour donner asile aux troupeaux que le pays de Gex y envoie en été de la Saint Jean (24 juin) à la Saint Denis (9 octobre). Du côté du nord, c'est la remarquable et profonde vallée de Mijoux, traversée par la Valserine.

« L'horizon de cette vallée resserrée par deux chaînes colossales de montagnes et dont l'une est dans l'ombre lorsque l'autre est éclairée; le silence de ce majestueux désert qu'interrompt le son monotone et lointain des bêtes au pâturage; l'air frais et vivifiant que l'on respire, tout fait naître des sentiments inexprimables. »

FIN

TABLE DES MATIÈRES

SAINT-CLAUDE. — ANCIENNE IMPRIMERIE VEUVE ÉNARD.

328

www.ingramcontent.com/pod-product-compliance
Lightning Source LLC
LaVergne TN
LVHW022116080426
835511LV00007B/843